BIOGRAPHIES AVEYRONNAISES

Girou de Buzareingues

NOTICE BIOGRAPHIQUE

Par Jules DUVAL

(SECONDE ÉDITION)

RODEZ

E. CARRERE, ÉDITEUR

BIOGRAPHIES AVEYRONNAISES

Girou de Buzareingues

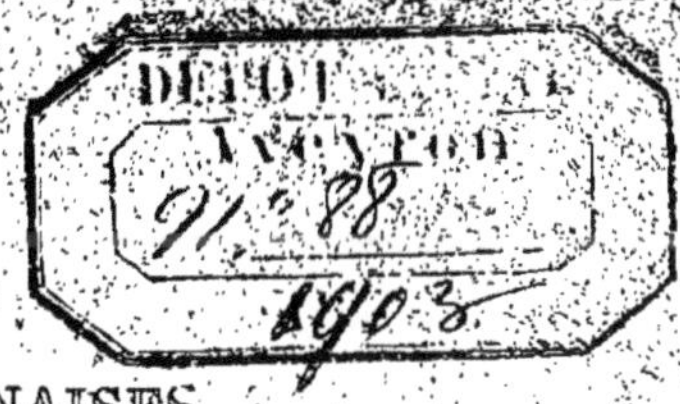

BIOGRAPHIES AVEYRONNAISES

Girou de Buzareingues

NOTICE BIOGRAPHIQUE

Par Jules DUVAL

(SECONDE ÉDITION)

RODEZ

E. CARRÈRE, ÉDITEUR

Girou de Buzareingues

I

ESQUISSE BIOGRAPHIQUE

Louis-François-Charles Girou de Buzareingues, correspondant de l'Institut, que la science a perdu le 21 juillet 1856, était né le 1er mai 1773, à Saint-Geniez, petite ville du Rouergue (aujourd'hui le département de l'Aveyron), qui brille entre toutes les cités de cette province par le grand nombre d'hommes distingués auxquels elle a donné le jour. Son père était Alexandre Girou, seigneur de Buzareingues, alors résidant à Saint-Geniez ; sa mère, Catherine Séguret. Celle-ci appartenait à la classe des négociants qui, dans cette ville industrieuse, avaient conquis le plus de considération et de fortune ; son père tenait par son origine à une autre classe plus importante encore, celle des grands fermiers qui, sous l'ancien régime, exploitaient les vastes domaines du clergé et de la noblesse. C'était alors, comme aujourd'hui encore en Angleterre ; où la propriété rurale se maintient sur des bases analogues à celles de la France avant la Révolution, une classe intermédiaire entre les ordres privilégiés et le peuple, fort estimée et fort influente, grâce à sa haute probité et à ses habitudes laborieuses que relevaient l'intelligence des grandes affaires, l'éducation et la richesse. Beaucoup de familles, aujourd'hui des plus notables de l'Aveyron, remontent à cette source et s'en honorent.

Au dix-huitième siècle, l'ambition de ces grands fermiers, quand ils avaient conquis la fortune par leurs épargnes, fruits d'entreprises sagement conduites, était de se rapprocher de la noblesse, soit par de hautes alliances, soit par l'acquisition de terres nobles. Ce dernier genre de succès couronna les vœux de la famille Girou. L'aïeul paternel de Charles, Ignace Girou, après avoir été fermier de Galinières, une des plus grandes propriétés du Rouergue, ainsi que de Monbès, Lioujas, la Vayssière, etc., acheta, en 1754, la terre de Buzareingues, dans la juridiction de Sévérac-le-Château, qu'un arrêt de la Cour des aides de Montauban avait déclarée exempte de toutes tailles, à titre de terre noble. Dès ce jour il acquérait le droit, et ne tardait pas à en user, de se qualifier seigneur de Buzareingues.

De ses sept enfants, quatre garçons et trois filles, son fils Alexandre fut le seul qui ne céda pas à l'entraînement des vocations religieuses, un des traits caractéristiques du Rouergue. Ce dernier, resté laïque, devint naturellement l'héritier de son père, quoiqu'il ne fut pas l'aîné : il recueillit dans cet héritage le titre et les privilèges de seigneur de Buzareingues. De son mariage avec Mlle Catherine Séguret naquirent trois enfants, entre lesquels Charles, dont je veux esquisser la vie et les travaux, fut le second.

L'enfance de Charles Girou s'écoula à Saint-Geniez, au sein d'une famille dont la sévère honnêteté lui inculqua, par l'exemple autant que par les paroles, les premières leçons de morale. Mais à cette époque l'esprit de réforme s'insinuait jusqu'au sein de nos montagnes. Entre autres impressions du premier âge, Charles Girou se souvenait d'avoir été bercé sur les genoux de l'abbé Raynal, le célèbre auteur de l'*Histoire politique et philosophique de l'établissement des Européens dans les deux Indes*, compatriote et allié de sa famille maternelle. Il ne serait peut-être pas téméraire de faire remonter jusqu'à ce premier contact les tendances philosophiques qui se révélèrent de très bonne heure chez le jeune Girou, et caractérisèrent les travaux de sa vie entière.

Aux enseignements de la maison paternelle succédèrent pour Charles Girou ceux du séminaire de Saint-Geniez, collège ainsi qualifié, parce qu'il était dirigé par des prêtres, bien qu'il fût ouvert même aux enfants qui ne se destinaient pas à la carrière ecclésiastique : établissement cher au souvenir de ses anciens élèves, si j'en juge par mes propres impressions, autant par les fruits et les ombrages de ses beaux arbres que par le mérite des leçons qu'y distribuaient des maîtres respectables.

A la fin de 1784, âgé de onze ans, le jeune Girou fut envoyé au petit séminaire de Clermont-Ferrand, autre collège, que dirigeait l'abbé Sécrétier. Il y passa les deux années scolaires 1784-1785 et 1785-1786, se faisant remarquer par une ardeur égale pour le jeu et l'étude, et surtout par une aptitude précoce pour les sciences abstraites. A la fin de sa seconde année, c'est-à-dire âgé de treize ans à peine, il soutint avec distinction des thèses publiques pour les mathématiques et la philosophie.

Juste appréciateur de ses talents naissants, son père se décida à l'envoyer répéter ses hautes classes à Paris, où l'amitié de l'abbé Tédenat, autre enfant de Saint-Geniez, lui assurait une protection aussi dévouée qu'intelligente. Dès cette époque, la petite colonie de Rouergas, émigrée, ou pour mieux dire parvenue, dans la capitale, pratiquait envers ses concitoyens nouvellement débarqués ce patronage de l'âge mûr envers la jeunesse, du succès envers le début, qui est, aujourd'hui encore, l'une des coutumes les mieux conservées des temps d'autrefois. L'abbé Tédenat, comptant sur le bon vouloir de son ami l'abbé Marty, autre Rouergas, professeur de logique au collège du Plessis, fit entrer le fils de son ami dans cet établissement, dont le principal était M. Dupuy, docteur de la maison et société de Sorbonne. Entre le professeur et l'élève se forma dès lors un sincère attachement, qui dura toute leur vie. Là ses talents se révélèrent sous le même jour qu'à Clermont, et c'est à lui que M. Marty confia l'honneur de soutenir la thèse de mathématiques. C'était un honneur fort recherché des élèves, autant comme témoignage de mérite supérieur que parce qu'il leur fournissait l'occasion de se présenter dans la plus coquette des toilettes devant un brillant auditoire : veste, culotte, bas et gants de soie, le costume du plus beau monde ; l'épée seule manquait, mais on y avait droit dès le lendemain du triomphe. Ces thèses, imprimées sur grand papier, quelquefois sur satin blanc, avec tout l'étalage prétentieux des ressources typographiques de ces temps, devenaient des monuments de famille. Les pères les montraient à leurs amis comme des phénomènes de talent précoce, et les mères les placardaient avec orgueil dans l'alcôve de leurs grands lits.

Deux années avaient conduit le jeune Girou au terme de ses études scolaires et au seuil du monde. Ecoutant ses goûts mathématiques, il voulait entrer dans le génie de la marine ; mais, pour être admis à l'examen, il fallait avoir seize ans révolus, et Charles n'en avait que quinze. Par le conseil de ses protecteurs, il consacra une troisième année (1788-1789) à étendre et fortifier ses connaissances, partageant ses heures entre les mathématiques qu'il étudiait dans Bezout, le maître de nos pères comme le nôtre, et la littérature, l'histoire, le dessin et les arts d'agrément, dont il ne dédaignait aucun, pas même la danse. « Il a tous les talents et toutes les dispositions pour se faire honneur et pour avancer, » écrivait dès cette époque M. l'abbé Marty à son père, heureux et fier des succès de l'adolescent, comme de l'enfant. En même temps, il se créa des relations. En l'absence de Raynal, éloigné de Paris par arrêt du Parlement, il fréquenta deux autres enfants de Saint-Geniez, comme lui, l'abbé Bonaterre, le collaborateur de l'*Encyclopédie méthodique*, et le chevalier Rivié, que son mérite avait élevé au grade de colonel du génie. Celui ci lui donna des lettres pour les chefs de la haute administration de la marine.

Le 1er mai 1789 lui en ouvrait les portes avec le premier jour de sa dix-septième année ; mais le 5 mai les états généraux s'assemblèrent à Versailles, et une ère nouvelle commença pour la France. Les résolutions du jeune Girou étaient déjà ébranlées depuis quelque temps par les observations de son père, qui le voyait avec regret s'engager dans une carrière qui l'éloignait de lui ; elles cédèrent facilement aux conseils de ses maîtres qui, inquiets des événements qui se préparaient, ramenèrent volontiers ses pensées vers la vallée du Lot et les douces perspectives d'une vie paisible au sein de sa famille. Il resta quelques mois encore à Paris, où il assista, spectateur violemment ému, à la prise de la Bastille, et repartit pour le Rouergue avec l'abbé Marty, traversant la France au moment même où éclatait, comme une terreur soudaine, la fameuse alerte des brigands.

Ses vues se portèrent alors vers l'industrie et le commerce, double source d'activité et de richesse pour sa ville natale, lorsque l'échauffourée royaliste de Dusaillant et de Charrié, dans la Lozère et l'Ardèche, réclama le concours des gardes nationales du département de l'Aveyron, nouvellement créé sur le cadre de l'ancien Rouergue. Il servit dans leurs rangs, sous les ordres de son père, alors administrateur du département et commissaire près l'armée républicaine. Après quelques rencontres, dont les bulletins de l'époque, fidèles à une coutume de tous les temps, enflèrent démesurément l'importance, au point de convertir en une armée de trente mille hommes un rassemblement de trois mille paysans, mal nourris, mal vêtus et mal armés, appuyés de quelques canons de bois, Dusaillant fut défait par les troupes républicaines, nullement supérieures pour le nombre, mais mieux armées et mieux disciplinées. Quant à Charrié, il fut arrêté dans un souterrain des hautes montagnes de l'Aveyron. Au témoignage de Charles Girou, qui fit partie de l'escorte qui conduisit à Rodez le chef lozérien, Charrié montra beaucoup de douceur, de sang-froid et de courage dans sa route et sa captivité : il mourut en brave.

A cette époque, Charles Girou avait embrassé, avec l'ardeur de son caractère et de son âge, la cause de la Révolution ; mais elle avait trompé ses espérances. Son éducation, toute fondée sur les leçons de l'antiquité païenne et complétée par la lecture passionnée de Rousseau, avait trempé sa jeune âme au ton des plus austères vertus. Ce n'était pas assez d'être Romain, il voulait être Spartiate par les privations comme par le cœur. Il m'a raconté plus d'une fois avec quelle énergie héroïque et juvénile, fidèle reflet de l'exaltation de ces temps, il s'était, à l'exemple de je ne sais quel grand homme de Plutarque, exercé à manger de l'herbe, parce que la faim ne pût jamais faire capituler son patriotisme.

Les événements trompèrent les trop naïves illusions du jeune patriote. « J'ai vu avec ardeur, écrivait-il quarante ans plus tard, la Révolution de 89, et j'en ai embrassé les principes avec l'enthousiasme et l'abandon d'un républicain de quinze ans ; j'ai été admirateur de Robespierre lorsqu'à l'Assemblée constituante il votait l'abolition de la peine de mort ; je l'ai détesté lorsqu'il a fait ruisseler le sang sur les échafauds. »

« Mes amis, disait-il encore une autre fois, à l'adresse des républicains éclos de la Révolution de 1830, mes confrères, car je fus, quand j'étais jeune, républicain comme vous et tout aussi fervent que vous puissiez l'être, combien ceux d'entre nous qui avaient conservé des sentiments honnêtes furent humiliés d'avoir applaudi le prologue de cet horrible drame ! »

Affligé des tristes spectacles qu'offrait la France à l'intérieur, Charles Girou s'engagea d'abord comme volontaire, mais son père fit rompre son engagement. Plus tard, l'un ou l'autre des deux frères ayant été requis, Charles réclama la faveur de partir, et il rejoignit son corps vers la fin de 1793. A Toulon, qui fut une de ses premières étapes, il se lia d'amitié avec Dumas, alors sous-aide chirurgien dans un régiment, qui devait être célèbre plus tard, comme doyen de l'Ecole de médecine et recteur de l'Académie de Montpellier. Les années suivantes il fit la première campagne d'Italie, où le jeune général Bonaparte lui inspira une admiration enthousiaste à laquelle il a été fidèle, sans un moment de défaillance, pendant tout le reste de sa vie. « Victoire ! écrivait-il à ses parents. Vive la République et reconnaissance au général Bonaparte dont les talents et l'activité ont sauvé l'armée d'Italie et *accéléré la paix de l'Europe.* » Ici, comme dans toutes ses lettres, la paix brille à son horizon, comme son plus vif désir. Mais, soldat fidèle, il repoussait avec une indignation à peine contenue par le respect filial, les conseils de désertion que lui insinuait sa mère, qui ne se piquait pas plus que beaucoup d'autres d'être à la hauteur des mères spartiates. Il aimait du reste si peu la guerre, à cause du sang qu'elle faisait couler, qu'il ne prenait jamais d'arme lorsqu'on l'envoyait à la découverte, mission qu'il acceptait toujours avec empressement. Un sentiment analogue l'empêcha de répondre à l'appel de Larrey, qui aurait voulu se l'attacher : le spectacle de la souffrance et du sang lui était trop pénible ; d'ailleurs il aimait sa liberté et le grand air. Exempt d'ambition, il voulut rester simple soldat en un temps où beaucoup de jeunes Aveyronnais, les Tarayre, les Viala et bien d'autres, ses camarades dans l'armée d'Italie, lui montraient comment les grades se conquièrent vite et avec honneur. Son ardeur d'esprit avait pris une autre direction. Il s'était constitué le défenseur d'office des soldats traduits devant les conseils de guerre ; il plaidait leur cause avec l'éloquence du cœur et probablement avec une profusion de réminiscences antiques bien propres à émouvoir des juges républicains, épris, comme tout le monde à cette époque, des Grecs et des Romains. Aussi obtenait-il de nombreux acquittements, ce qui lui valait, dans l'armée, une réputation d'orateur et de bon camarade, plus agréable à son amour-propre qu'une citation à l'ordre du jour pour beaucoup d'ennemis tués. A cette occupation il ajoutait spontanément des écritures chez les quartiers-maîtres et divers agents comptables. Un jour il fut nommé musicien de son régiment, ce qui le combla de joie, se sentant plus heureux de manier une flûte qu'un fusil. pouvait-il avouer franchement, parce que sa bravoure et son mépris de la mort n'étaient l'objet d'un doute pour personne. Il servit ainsi pendant trois ans, sans autre profit que la satisfaction d'acquitter sa dette envers la patrie ; car aussi désintéressé que peu ambitieux, il n'accepta jamais aucune gratification pour ses bons offices envers ses chefs et ses camarades. Un des plus agréables souvenirs qu'il eût conservés de ses campagnes était sa visite à l'église où s'était tenu le fameux concile de Trente.

La place d'un soldat aussi philanthrope

n'était pas au milieu des camps : sa vocation le ramena bientôt aux carrières civiles. Il obtint l'autorisation de subir les examens pour l'Ecole polytechnique ; en quittant l'armée, avec un Bezout italien dans son sac, comme la meilleure pièce de son bagage, il s'achemina vers Marseille, où le concours devait avoir lieu. Bien qu'il n'eût pu disposer que de cinq jours de préparation, après sept ans de diversions à d'autres travaux, Charles Girou obtint le numéro 2 sur la liste d'examen, ce qui lui ouvrait les portes de la savante école. Mais sa destinée en décida autrement. Rentré auprès de sa famille pour attendre la notification officielle du résultat des épreuves, il y fut saisi par des fièvres violentes et opiniâtres, suites des fatigues de la campagne de Lombardie, qui le retinrent au foyer paternel. On était sur la fin de l'année 1796.

Dans cette retraite, ses idées prirent une nouvelle direction : il accepta résolument l'arrêt du sort qui, pour la seconde fois, du seuil des fonctions publiques, le rejetait dans la vie privée, et sentant renaître en lui, au contact de sa famille, les goûts de son père, il tourna ses vues, ses espérances et son ambition vers l'existence agricole, consacrant ainsi d'avance, par son exemple, la puissance des transmissions héréditaires, qui devait s'élever peu à peu dans son esprit à la hauteur d'une doctrine scientifique. L'exemple pouvait aussi l'entraîner. En ces temps qui fermaient le dix-huitième siècle et semblaient aussi fermer la Révolution, se constituait à Rodez, par l'initiative et sous l'administration de M. de Cabrières, la Société centrale d'agriculture, institution consacrée aujourd'hui (1858), dans la reconnaissance publique, par soixante ans de travaux utiles.

En 1798, il obtint de son père un bail à ferme du domaine de Buzareingues, vaste propriété de trois cents hectares d'étendue, dont le nom, dès lors intimement soudé au sien, devait en recevoir une célébrité européenne. Livré depuis longues années à des mains étrangères, ce domaine avait dépéri, et, pour acquérir toute sa valeur, appelait un plan de vigoureuses et intelligentes réformes. Charles Girou, âgé de vingt-cinq ans seulement, résolut d'y engager toutes ses facultés et tout son avenir, et s'installa, avec des pensées toutes modernes, dans le vieux manoir féodal dont la Révolution s'était contentée d'abaisser les tours. Ses desseins se fortifièrent lorsque, dans l'année suivante, il reçut, en partage anticipé, un tiers et plus tard un second tiers du domaine, auxquels il joignit, par bail à ferme, le dernier tiers, ainsi que le domaine des Croses attenant à celui de Buzareingues.

En 1799, il épousa Mlle Blanc, fille du fermier des Bourines, terre qui était alors, comme aujourd'hui, la plus considérable du département de l'Aveyron. Guidé dans son choix, moins par des calculs d'intérêt que par les sentiments élevés, la rectitude d'esprit et l'éducation sérieuse de celle qui devait être sa compagne pendant plus d'un demi-siècle, il eut le bonheur de trouver en elle un concours précieux pour l'administration de son domaine, ce qui lui laissa la liberté d'esprit indispensable aux recherches de la science. Dès lors son cœur fut fixé pour toujours, plus vite que son esprit.

Vers ce temps, le chirurgien Dumas, son ami de garnison à Toulon, devenu, depuis 1795, professeur d'anatomie et de physiologie à la Faculté de Montpellier, lui proposa d'embrasser la profession médicale, lui promettant de rapides et brillants succès. Il refusa pour ne pas s'éloigner de sa mère, et aussi pour ne pas contrarier sa femme qui avait entendu, lui fit-elle remarquer, épouser un agriculteur non un médecin.

A peu près vers le même temps, le démon de la gloire tendit à Charles Girou un autre piège. Il avait rêvé de succès littéraires et composé un drame pour le théâtre de Montpellier. Eloigné de cette ville, il était remplacé auprès de la direction et des acteurs par Simon Rogéry, son compatriote de Saint-Geniez, et son camarade du Plessis, alors étudiant en médecine. Dans leur correspondance ils débattaient ensemble les mérites et les défauts de la pièce, les chances bonnes et mauvaises, les changements et les coupures à faire, amputations douloureuses aux nerfs de tous les auteurs, même les plus romains. Le sujet du drame était la passion du jeu, sujet toujours traité et toujours nouveau comme les passions humaines ; celle-ci était personnifiée dans Dorville, le héros du drame. Il paraît que la pièce ne fut pas admise à représentation, malgré tous les mérites qu'y découvraient les deux jeunes amis, et M. Girou, désormais libre des sifflets comme des applaudissements du public, put rechercher des suffrages plus sérieux, dans la double carrière qui sollicitait son activité : d'une part, la gestion de son vaste domaine ; de l'autre, l'éducation des trois enfants, une fille et deux garçons, dont la naissance n'avait pas tardé à combler les vœux du jeune couple.

Dès son début en agriculture, il formula, pour lui servir de boussole dans ses rapports avec son personnel, un règlement, véritable Constitution des droits et des devoirs, tant du maître que du serviteur, octroyée par le premier aux seconds. En lisant ce document à soixante ans de distance, on ne peut qu'admirer, sous la couleur du temps, quelle maturité de bon sens les événements et les réflexions avaient déjà développée dans un aussi jeune propriétaire. Mais c'était la moindre de ses innovations. Son esprit naturellement curieux et investigateur eût sans doute suffi pour l'engager dans des voies nouvelles ; il y fut entraîné par un second ressort, le patriotisme, vertu naturelle de son âme. Le premier Consul tenait à honneur de doter la France de la race mérinos, conquête qui, sous les gouvernements antérieurs, avait été un désir plutôt qu'une réalité. En même temps, l'expédition d'Egypte avait révélé toutes les brillantes et solides qualités du cheval arabe, qui devenait, en quelque sorte, le souvenir et le symbole de l'Orient, théâtre de la guerre du général Bonaparte. C'était plus de motifs qu'il n'en fallait pour pousser l'ardent admirateur du jeune héros à l'éducation des mérinos et des chevaux arabes. La philanthropie aidant à la spéculation, il emportait, vers la même époque, des vaches suisses aux puissantes mamelles et des vaches asiatiques sans cornes.

C'est dans cette triple réforme des espèces ovine, chevaline et bovine qu'il engagea spécialement ses recherches, s'inspirant des doctrines de l'Anglais Bakewell sur la toute-puissance de l'homme à l'égard des races animales, et il ne tarda pas à y recueillir, sinon toujours des profits, du moins des succès d'estime, des honneurs et de la science.

Le 7 février 1808, la Société d'agriculture du département de l'Aveyron lui accorda une médaille d'or de grand module, sur un rapport dont les termes sont à eux seuls un éclatant hommage. « M. Girou, disait le rapporteur, M. H. de La Goudalie, a fait des efforts extraordinaires pour l'importation des bêtes mérinos et le croisement de la race indigène, et ses efforts ont été couronnés de succès. Il s'est donné des soins très actifs pour procurer aux améliorateurs du département le débit de leurs laines pures et métisses, et pour se rendre habile dans le lavage de ces matières. Il a eu l'avantage d'introduire dans ce département le seul étalon arabe qui y ait paru, d'en tirer race et d'avoir ainsi prévenu et secondé les vues du gouvernement par rapport à l'établissement des races de nos chevaux. Enfin il a donné des preuves d'une grande intelligence et d'une grande capacité en poussant à un haut degré de perfection toutes les branches de son établissement et de sa culture. »

D'autres médailles furent accordées en même temps à son beau-père, M. Blanc, des Bourines, « pour avoir réalisé l'un des vœux les plus chers de la Société, l'importation des bêtes à cornes de race suisse, » et à l'oncle de sa femme, M. Durand, de Villeplaine, près de Sévérac, « possesseur de l'un des plus nombreux et des plus précieux troupeaux espagnols du département, pour avoir favorisé par son dévouement et son activité le succès de M. Girou ».

Dès ce jour éclatait un des traits distinctifs du caractère de M. Girou, le besoin de propagande, à commencer par sa famille et son canton, en faveur de tout ce qu'il croyait juste et vrai. Répudiant dès son entrée en carrière l'égoïste doctrine de Fontenelle, à peine avait-il recueilli dans ses mains une vérité, ou ce qu'il prenait pour telle, qu'il la semait.

Ainsi fit-il encore pour le cheval arabe, mais avec moins d'imitateurs, parce que l'imitation n'était permise qu'à peu de propriétaires. C'est lui, a-t-on vu, qui introduisit le premier étalon arabe qui ait paru dans le département de l'Aveyron, l'*Eclair*, acheté aux héritiers du général d'Estaing. L'ayant vendu plus tard au gouvernement pour le dépôt d'étalons créé à Rodez, en 1807, il se réserva la faveur qu'on le placerait tous les ans, pendant un mois, à Buzareingues, au commencement de la monte. En vue de justifier cette mesure, le chef du dépôt, M. de Patris, s'exprimait ainsi dans sa lettre officielle : « Le sieur Girou de Buzareingues avait créé dans ses propriétés une belle race de chevaux, quelques années avant que le gouvernement eût formé à Rodez un dépôt d'étalons... Il faudrait aller bien loin pour trouver le même zèle, la même constance, le même talent d'observation, les mêmes ressources et les mêmes facilités à faire des sacrifices pour embellir et augmenter ses écuries... Son haras est composé de vingt femelles de tout âge, dont une seule n'a point de sang arabe dans les veines (1). » Cavalier habile et intrépide, M. Girou aimait le cheval à la façon des Arabes,

(1) A son tour, M. Girou se montrait plein de justice envers le chef habile qui, sous la haute direction de M. Solanet, inspecteur général des haras, avait organisé le dépôt de Rodez : « Le système de M. de Patris sur l'entretien des chevaux suppose une surveillance dont peu de personnes sont capables... L'observateur étonné de l'ordre et de la décence qui régnaient dans les écuries, et du zèle avec lequel les palefreniers exécutaient tout ce qui leur était commandé, revenait de sa surprise en voyant M. de Patris. En effet, il était aussi ferme que modéré ; il n'avait ni morgue, ni pédanterie, et ses reproches étaient d'autant plus poignants que, faits avec calme, ils

comme un compagnon, un ami, un membre de la famille. L'*Eclair*, logé dans un vestibule du château, était admis dans le salon, et il justifiait ces égards par l'attention délicate qu'il mettait à jouer avec les enfants, sans les blesser. La douceur des traitements était, à Buzareingues, la seule règle d'éducation admise envers les chevaux comme envers les hommes.

Dès cette époque, sa renommée commençait à franchir les limites de son département, grâce à ses écrits, complément de sa pratique. Ce n'est pas qu'il se fût hâté de livrer à la publicité ses observations et ses recherches. Très modeste par caractère, il était peu impatient de célébrité : quoiqu'il aimât la gloire, il la voulait légitime et solide. Entré dans la carrière agricole en 1798, il ne publia son premier écrit, l'*Essai sur les mérinos*, qu'en 1811, et le plaça sous les auspices de M. Tessier, créateur et directeur du fameux troupeau de Rambouillet, dont M. Girou avait eu occasion d'apprécier la beauté.

Dans cette même année 1811, il publia, dans les *Annales de l'agriculture française*, un *Essai sur les chevaux*, esquisse d'une étude plns complète, qui parut trois

n'étaient jamais mêlés d'insultes et qu'ils étaient toujours mérités. Voilà ce que tout le monde pouvait voir avec un peu d'attention. Mais il est d'autres qualités que, par sa modestie, M. de Patris ne laissait entrevoir qu'à des amis : un commerce sûr, une probité inattaquable, une conversation intéressante et instructive, des manières aisées et prévenantes, le faisaient aimer... C'est ainsi que les difficultés s'aplanissent devant l'homme honnête et aimable. Il fait plus qu'il ne doit, plus même qu'il ne pense : chacun de ces pas est marqué d'un service rendu à celui qui l'emploie. » (*Essai sur les chevaux*, dans les *Annales de l'agriculture française*, 1811, VIIIe cahier, p. 246.)

ans plus tard. Ainsi commençait une collaboration qui dura quarante ans.

La nécessité de chercher au loin pour ses laines fines des débouchés qui leur manquaient sur place le conduisit plusieurs fois à Paris, Elbeuf, Rouen, Sedan, etc. Dans l'un de ses voyages, il fit la connaissance d'un collègue de M. Tessier à l'Institut, M. Sylvestre qui lui demanda un rapport sur son établissement. Pour répondre à cette invitation, Charles Girou rédigea une note, dont la simplicité sincère ne déguisait aucune de ses déceptions. « C'est autant, disait-il, par goût que par besoin que j'ai embrassé la profession de cultivateur ; je suis loin d'y avoir trouvé les avantages que mon imagination m'avait promis ; après quatorze années de travaux constamment dirigés vers le même but, je suis peut-être moins riche que si j'avais attendu la fortune dans mon lit... L'aveugle manie de tout améliorer m'a occasionné bien des dépenses inutiles, jusqu'à ce qu'éclairée par les leçons de nos savants, elle m'eût poussé vers un système raisonné... » On ne fait pas sa confession avec plus de franchise. Son mérite n'en fut que mieux apprécié, et la Société d'agriculture du département de la Seine lui décerna une médaille d'or à l'effigie d'Olivier de Serres, le père des magnaneries et de la littérature agricole de la France, dont cette Société avait honoré la mémoire par une belle édition de son *Théâtre d'agriculture*.

M. Girou reçut vers ce temps, à Buzareingues, la visite de M. Lullin de Chateauvieux, savant agronome de Genève, et de M. Yvart, le célèbre vétérinaire. Il était déjà lié avec un autre professeur non moins renommé, M. Huzard, qui l'avait présenté à M. Morel de Vindé, dont les recherches sur la reproduction des bêtes à laine devaient confirmer plus tard ses propres théories.

En 1813, le préfet du département de l'Aveyron, M. le baron de Trémont, qui devait un jour se rappeler au souvenir de ses administrés par un legs généreux, confia à M. Girou, dans la statistique agricole entreprise par le gouvernement, la rédaction des chapitres relatifs aux mérinos et aux chevaux, « ayant constaté, lui écrivait-il, que personne dans cette province n'est aussi capable que vous, par vos connaissances théoriques et pratiques en agriculture, le bel établissement que vous dirigez, l'un des plus utiles et les plus importants du département, sous le rapport de l'éducation des troupeaux et des chevaux... »

En 1814, il publia, dans les *Annales de l'agriculture française*, ses *Etudes de physiologie appliquées aux chevaux, et surtout aux chevaux arabes*, dont un tirage à part fut en entier acheté par Carnot, ministre de l'intérieur pendant les cent jours, et distribué aux haras.

A cette période de sa vie, M. Girou de Buzarcingues avait quarante ans à peine, et déjà sa ferme était citée comme une ferme modèle, et il comptait lui-même parmi les notabilités de l'agriculture française.

La crise des cent jours que nous venons de nommer et la double Restauration qui les précéda et les suivit, vinrent jeter une perturbation passagère dans les paisibles et laborieuses habitudes de notre savant. Depuis l'année 1801, il était maire de sa commune. Dans ces modestes mais utiles fonctions, il avait adressé au préfet, M. de Trémont, une critique sévère des vexations employées contre les jeunes conscrits pour les forcer à rejoindre leur corps. Néanmoins, attaché de cœur et de conviction, avec toute l'exaltation d'un ardent patriotisme, au gouvernement impérial, il refusa de prêter serment aux Bourbons, lors de la première Restauration, et donna sa démission de maire. Lorsque le 20 mars 1815 ramena Napoléon de l'île d'Elbe aux Tuileries, M. Girou, le premier dans l'Aveyron, acclama avec enthousiasme le retour de l'aigle impériale. Le 26 mars, il lut sur la place publique de Saint-Geniez un écrit intitulé *Napoléon et les Bourbons*, où éclate à chaque page un dévouement passionné à son ancien général de l'armée d'Italie, devenu le souverain qui, pendant quinze années, avait présidé aux destinées de la France, et, en même temps, un langage plein d'égards respectueux pour Louis XVIII et les Bourbons, ainsi que de modération envers leurs partisans, ce dont Chateaubriand n'avait pas donné l'exemple une année auparavant, dans son fameux pamphlet de *Buonaparte et les Bourbons*. Cet écrit, bien qu'il ne put être imprimé alors dans l'Aveyron, eut du retentissement dans le pays, où les opinions de l'auteur étaient d'ailleurs fort connues : aussi fut-il nommé secrétaire de l'Assemblée électorale du département, au nom de laquelle il rédigea une adresse à l'Empereur. Chargé par elle d'aller la présenter à Napoléon, il la remit au Champ-de-Mai, et reçut pour lui-même la croix de la Légion d'honneur. On sait que les décorations données dans les cent jours ne furent pas reconnues par la Restauration. Il eût été facile à M. Girou d'obtenir un nouveau brevet, que l'éclat de ses travaux justifiait surabondamment ; mais inflexible dans sa dignité, et ne voulant pas donner à croire qu'il méconnaissait le droit du souverain de qui il tenait cette distinction, il se refusa à toute démarche, et ne reprit sa croix que lorsque l'ordonnance royale du 28 novembre 1831 eut ratifié son titre.

A la même époque M. Girou avait fait remettre à l'Empereur un mémoire sur le recrutement, sujet dont il avait apprécié toute la gravité pendant quatorze années de fonctions municipales. Grande fut sa satisfaction en retrouvant, quelques années après, certaines de ses vues reproduites, comme la pensée propre de Napoléon, dans les Mémoires dictés par le captif de Sainte-Hélène à ses compagnons d'armes.

Après la bataille de Waterloo, sa conduite et son langage des cent jours ne furent pas oubliés du pouvoir qui triompha. Il fut placé sous la surveillance de la police, comme si un homme de cette trempe pouvait conspirer. Nouveau témoignage, à ajouter à tant d'autres, des égarements du zèle des préfets aux époques de luttes politiques !

La retraite et le silence imposés au citoyen profitèrent au savant, qui était d'ailleurs ramené à l'étude par un double mobile : ses intérêts d'agriculteur et ses devoirs de père de famille. Ces devoirs ne furent pas pour lui ce qu'ils sont généralement, des affections se traduisant en soins personnels et en sacrifices pécuniaires : ils devinrent une des principales affaires de sa vie et un des ressorts les plus énergiques de sa carrière scientifique. Il avait d'abord confié l'éducation de ses enfants à un instituteur qu'il avait amené de Paris ; mais celui-ci ayant abandonné son poste en 1810, M. Girou ne voulant pas courir de nouvelles chances, ni se séparer de ses enfants, résolut de faire lui-même leur éducation. Pendant une période de dix ans, il se voua à cette noble tâche avec autant d'ardeur que de persévérance. Tout ce qu'il put abdiquer de l'administration de son domaine, il le confia à Mme Girou, en qui l'apprentissage agricole de la maison paternelle, mûri par une haute et pénétrante raison, suppléait à l'âge ; sa femme avait alors vingt-cinq ans à peine. Lui-même, pour se rendre un instituteur capable, se remit à l'étude de tout ce qu'il devait enseigner : le latin les mathématiques, l'histoire, le dessin, les sciences naturelles, la physique, la chimie. Son horizon s'élargissant à mesure qu'il avançait dans son enseignement, il aborda l'anatomie; la physiologie, l'économie politique, la philosophie, menant de front l'étude de l'homme physique et de l'homme moral sous ses divers aspects et dans son ensemble. Bientôt le cercle presque entier des connaissances humaines satisfit seul la dévorante curiosité de cet esprit.

Précepteur aussi dévoué qu'affectueux et intelligent, M. Girou ne perdait presque jamais de vue ses enfants, et savait faire concourir à leur instruction même les heures de récréation. Bien que sévère envers eux, il se mêlait à leurs jeux, et y déployait une dextérité corporelle qui ajoutait à son autorité. Voulaient-ils danser, il embouchait pour eux sa flûte du régiment. Si dans cet amusement la soirée se prolongeait, il imposait trêve à ses habitudes, continuait d'accompagner la danse avec son instrument, se couchait tard, sans jamais témoigner ni ennui ni fatigue, comme s'il eût pris lui-même le plus grand plaisir à ce divertissement. Il suivait aussi ses enfants à la chasse, quoiqu'il ne chassât jamais pour son propre compte, probablement par cette horreur du sang versé qui était dans son naturel. Mais il prenait sa revanche de toutes ces concessions en faisant de chaque incident l'occasion d'un enseignement. La conversation avait lieu souvent en latin, ce qui était une première méthode d'instruction, renouvelée du père de Montaigne. Puis il avait l'art de susciter une causerie attachante, qui faisait diversion aux jeux, et bientôt l'attention de ses jeunes écoliers passait tout entière à sa parole. Ainsi commencèrent pour eux les études botaniques, au milieu de courses à travers la campagne.

L'éducation de famille a le grave inconvénient d'être exposée aux mille perturbations de la vie domestique ; et une grande ferme, en fait d'irrégularité et d'imprévu, équivaut à vingt familles : c'est une sérieuse objection contre ce système. M. Girou, grâce à une volonté aussi ferme qu'elle était éclairée, parvint à soustraire à toute influence extérieure le plan qu'il s'était tracé. Chaque heure avait son emploi d'une manière inflexible. Quel que fût le visiteur présent à Buzareingues, la récréation n'était pas prolongée d'une minute. De même aucun prétexte ne pouvait changer l'ordre ou la durée des leçons. Aussi parut-il un jour visiblement contrarié en recevant une lettre : « Mes enfants, dit-il à ses chers élèves, notre temps est bien pris en ce moment, et je suis bien affligé de vous le voir perdre. Mais je reçois une lettre de ma mère qui me prie de vous conduire pour deux jours auprès d'elle. Lorsqu'une mère prie, elle commande : vous et moi n'avons qu'à obéir. Préparons-nous à partir. » Il fut toujours fidèle à cette affection pour sa mère, dont la vie se prolongea jusqu'en 1831 ; c'était au point qu'il ne passa jamais de semaine sans aller lui rendre visite, à Lenne où elle habitait, malgré le mauvais temps et les difficultés du chemin.

En guise de vacances il conduisait tous les ans ses deux fils à Montpellier, pour leur faire suivre les cours de la Faculté des sciences. Il s'asseyait avec eux sur les bancs, prenait assidûment des notes, d'après lesquelles il leur faisait ensuite une analyse succincte de ce qu'ils avaient entendu, et les interrogeait avec soin pour s'assurer qu'ils ne restaient pas en arrière. Son amour paternel ne reculait devant aucune épreuve. C'est ainsi qu'en 1819, après avoir fort avancé dans le dessin sa fille Virginie, et voulant l'initier à la peinture qu'il ignorait lui-même, il profita des rares loisirs que lui laissaient les récréations de ses fils pour prendre des leçons de M. Moulinier, l'un des collaborateurs de M. de Laborde, dans son *Voyage pittoresque en Espagne*. Pendant quelques mois ce père de quarante-cinq ans redevint écolier, et il apprit assez de peinture pour en communiquer à sa fille les premières notions, et éveiller un goût qui permit à celle-ci de suivre plus tard avec fruit les lecons d'un habile maître de Paris. C'était tout ce qu'il désirait.

L'année 1820 le conduisit au terme de cette triple éducation qui, poursuivie sans interruption pendant dix ans, à travers les mille distractions de la vie rurale la plus active, témoigne d'une rare force de volonté non moins que de l'amour paternel le plus dévoué. Dans son fils aîné Charles, se révélaient des aptitudes agricoles qui engagèrent son père à l'envoyer perfectionner ses études en Suisse, à la célèbre école d'Hofwyl, fondée et dirigée par M. de Fellemberg, dont le jeune élève devait importer dans l'Aveyron les pratiques et les théories rurales. Charles sortit d'Hofwyl en 1822, après deux ans de séjour, capable d'aider utilement son père dans la gestion de son domaine, mais imbu par M. de Fellemberg de cette maxime, comme de la vérité suprême, que la meilleure agriculture est celle qui rapporte le plus d'argent, qu'il n'en faut pas chercher d'autre. Avec un principe aussi positif, adieu aux chevaux arabes, et aux vaches suisses et aux mérinos, et aux innovations agricoles ! M. Girou les vit peu à peu éliminer par de lentes et habiles réformes de la main filiale, qui obtenait son pardon en accroissant les revenus du domaine, grâce à une culture moins savante mais plus lucrative. C'eût été pour le père une douleur d'assister, dans la seconde moitié de sa vie, à la décomposition successive de l'œuvre qu'il avait laborieusement montée pendant la première, si l'âge et les déceptions ne l'eussent amené à reconnaître que de telles réformes étaient nécessaires, sous peine de payer trop cher la gloire.

Quant à Louis, son fils cadet, il n'eut qu'à faire sa rhétorique à Montpellier pour subir avec honneur les examens qui ouvrent la carrière médicale à laquelle il se destinait. Sa sœur Virginie resta auprès de ses parents, embellissant leur existence de tous les enchantements qui naissent des dons les plus parfaits du cœur et de l'esprit, relevés par une grâce pleine d'éclat. Elle ne se sépara d'eux qu'en 1826, amenée à Paris par son mariage, que devait suivre bientôt après, pour l'éternelle douleur de ceux qui l'avaient aimée, une mort prématurée. Mais ne devançons pas les années et montrons de nouveau M. Girou de Buzareingues, après l'éducation de ses enfants terminée, reprendre dans le monde et dans la presse agricole un rang auquel l'avaient rendu plus apte les nouvelles études qui avaient refait et complété sa propre éducation.

Le gouvernement qui l'avait signalé à la suspicion publique fut le premier à lui tendre une main amicale. Vers la fin de 1819 le préfet de l'Aveyron, M. d'Arros, attesta « son zèle pour l'agriculture et les efforts par lesquels il contribuait à l'amélioration des diverses branches de l'économie rurale, » dans un rapport au ministre de l'intérieur, M. le duc Decazes, qui s'appliquait à diriger les esprits vers les utiles et conciliants travaux de la production nationale. Ce ministre, qui devait immortaliser son nom dans l'Aveyron, en inspirant, quelques années après, l'établissement de Decazeville, ne tarda pas à nommer M. Girou et M. Rodat (1) correspondants du Conseil central de l'agriculture : c'étaient bien les deux hommes qui personnifiaient avec le plus d'éclat le progrès agronomique dans le département. Les Comices ruraux, déjà tentés avant la Révolution, puis abandonnés, parurent le complément logique du Conseil central, et M. Girou fut chargé d'organiser celui de Sévérac, ce dont il s'acquitta avec le zèle qui lui était familier et qui fut récompensé par un succès durable. Il en rédigea les statuts, qui furent reproduits comme un modèle dans les *Annales de l'agriculture française*, et imités en divers lieux. Il les appuya si bien de son action personnelle, que le Comice de Sévérac presque seul se maintint en France, après la chute du ministre qui en avait décrété l'organisation ; et la pensée de

(1) Amans Rodat, né à Olemps, en mars 1778, secrétaire de la Société d'agriculture de l'Aveyron, député de ce département, mort le 10 février 1846. Il était fils d'Antoine-François Rodat, né à Olemps, le 2 octobre 1751, député à l'Assemblée constituante et au Corps législatif, décédé au Bouissou le 14 septembre 1816.

cette institution était néanmoins si juste que vingt ans après on l'a vue reparaître avec honneur et se propager à travers toute la France.

« Je sens renaître, écrivait vers ce temps M. Girou, ce zèle qu'ont suspendu les devoirs que m'inspira l'amour paternel. Je voue à l'économie rurale le reste de mes jours. J'élèverai dans mes pâturages le mouton d'Espagne, le cheval d'Arabie, le taureau de nos montagnes, et le passant ne m'accusera pas de négligence ! » De négligence, non ! mais de témérité peut-être, en se demandant si l'Aveyron a de suffisantes analogies de climat et de sol avec l'Espagne et l'Orient, patries du mérinos et du cheval arabe.

Sans s'arrêter à ces scrupules, M. Girou s'engagea plus résolument que jamais dans l'agriculture progressive, et avec des préoccupations tellement scientifiques que les accidents qui frappaient ses troupeaux lui faisaient presque autant de plaisir, comme matière à expériences, que de chagrin pour la perte pécuniaire. Des cerveaux à disséquer c'étaient presque des bonnes fortunes à qui poursuivait, sous le masque des maladies, les mystères de la sensibilité animale, jusque dans les replis les plus cachés de cet organe.

Le tournis, qui éclata en 1819 et 1820 parmi les troupeaux de l'Aveyron et de la Lozère, lui en fournit de trop nombreuses occasions : il l'étudia avec une obstination qui lui en fit découvrir les causes. En même temps il adressa au ministre de l'intérieur un mémoire sur l'arrosement, un projet de statistique rurale, une réponse à des questions officielles sur l'influence du déboisement dans l'Aveyron ; il publia la première édition de son mémoire sur les poils ; il fit connaître ses observations sur le charbon du blé et le choix des semences, sujet qu'il devait reprendre dix ans plus tard pour le soumettre à la Société d'agriculture de la Seine.

La plupart de ces travaux furent publiés dans *la Feuille villageoise*, recueil que la modestie de son titre et sa périodicité réglée sur le pas des saisons, c'est-à-dire trimestrielle, semblaient condamner à l'obscurité, et qui néanmoins, grâce au talent de ses rédacteurs, acquit en France une véritable réputation. Une première série, commencée sous le même titre en 1807, avait disparu au bout de quelques années, découragée sans doute par la tiédeur du public, plus enclin à cette époque à souscrire aux bulletins militaires qu'aux bulletins agricoles. M. Girou, qui avait été reçu dans la Société d'agriculture de l'Aveyron, contribua puissamment à la renaissance de *la Feuille villageoise* en 1821, et promit au Comité de rédaction personnifié dans MM. Rodat, de Cabrières et Amans Carrier (1), son concours le plus actif, et, suivant son usage, il tint parole. Pendant dix ans, en comprenant *le Propagateur Aveyronnais*, qui fut la suite de *la Feuille villageoise*, on vit ce groupe d'hommes de science et de pratique, de talent et d'esprit, alimenter des communications les plus substantielles un recueil qui comptait pour son mérite bien peu de rivaux en France. M. Amans Rodat, d'Olemps, en était l'âme. Doué des dons les plus divers, que relevaient une causticité originale et une élégante clarté de style, M. Rodat prenait

---

(1) M. Amans Carrier, décédé en 1857, un des derniers survivants de cette génération d'agronomes aveyronnais qui brillèrent dans la première moitié du dix-neuvième siècle.

plaisir, comme contraste aux enseignements didactiques qu'il signait de son nom, à exciter la verve de ses collaborateurs et à secouer la gravité ruthénoise par des polémiques railleuses dont il endossait la responsabilité à des pseudonymes. C'est ainsi qu'un jour, inspiré par un démon jovial, M. Robert le Sauvage prit à partie, sur le ton de la satire la plus incisive, la *manie d'innover en agriculture*. En ce cas, non seulement la main droite, qui tenait la plume, faisait semblant d'ignorer les œuvres de la main gauche, qui maniait le mancheron de la charrue, mais elle s'amusait malignement à égratigner sa sœur. M. Girou, toujours sérieux, car la plaisanterie lui fut à peu près étrangère, releva le gant jeté à la science et au progrès, et il défendit les théories agricoles avec une chaleur qui ne se révélait guère dans son style que dans les grandes occasions, quand il célébrait Napoléon ou le cheval arabe. C'était Rousseau qui réfutait Voltaire avec éloquence ; Voltaire ripostait avec esprit et aplomb. Le public applaudissait à tous les deux.

Jusqu'alors M. Girou semblait avoir concentré ses études sur les sciences relatives au monde matériel ou cosmologique, suivant la classification d'Ampère : un *Essai sur le bonheur* publié en 1821 dans *la Feuille villageoise* révéla en lui le moraliste et le philosophe qui touchait déjà au monde psychologique, auquel il devait plus tard s'attacher avec une prédilection durable.

A son tour l'économiste s'annonça dès 1822 par un *Essai sur la division indéfinie des propriétés*, sujet qui le préoccupa vivement toute sa vie, comme l'écueil le plus grave dont fût menacée la fortune politique et sociale de la France.

Conduit à Paris en 1823 par un procès de son beau-père il fut reçu, au mois de mai, membre de la Société Linnéenne, et au mois de juin suivant, correspondant de la Société centrale d'agriculture, titre fort apprécié dès cette époque et qui n'a cessé de l'être. Par les conseils de son ami et compatriote, le statuaire Gayrard, il avait emmené sa fille, et il lui procura les leçons d'une artiste distinguée, Mme Hersent. C'est au talent acquis à cette école par Mlle Girou de Buzareingues que la ville de Saint-Geniez doit le portrait de l'abbé Raynal qui décore la salle des séances du Conseil municipal de cette ville (1). Fidèle aux souvenirs de son enfance, autant qu'aux réminiscences du dix-huitième siècle, M. Girou avait conservé une considération particulière pour cet écrivain. S'il était loin de justifier ses déclamations emportées contre les prêtres et les rois, il le tenait pour un grand esprit et un noble caractère ; et, ce qui ajoutait à ses sympathies, Raynal était né à la Panouse (2) et sur la même paroisse que Buzareingues ; il était en outre son allié du côté maternel : aussi avait-il résolu de faire transporter à Buzareingues le lit où Raynal était né, don que

---

(1) Mlle Girou a exécuté aussi la copie du portrait de Pie VII par David, et de celui d'Arnaud par Philippe de Champaigne : le premier de ces tableaux, pour l'évêque d'Hermopolis, le second pour M. Gayrard. Elle a fait aussi, d'après nature et avec une grande vérité, le portrait de divers membres de sa famille.

(2) Et non à Saint-Geniez, comme le disent ses biographes. C'est un point hors de doute. Mais il est vrai que la famille Raynal était de Saint-Geniez, et que sa mère ne se trouvait que temporairement sur une de ses propriétés, à la Panouse, lorsqu'elle mit au monde l'enfant qui devait devenir le fameux abbé.

lui avait offert la famille de ce dernier.

Pendant son séjour à Paris, il soumit à la Société centrale d'agriculture, qui venait de l'admettre dans son sein, ses recherches sur l'influence de l'état physique des parents sur le sexe des produits, tant dans le règne animal que dans l'espèce humaine. Cet objet d'études, qui avait pris naissance dans ses expériences sur l'éducation des chevaux et des moutons, avait d'année en année grandi dans son esprit, et finit par devenir la plus fixe de ses préoccupations. Ses idées parurent heureuses et intéressantes à cette Société, dont plusieurs membres l'engagèrent à en faire part à l'Académie des sciences. Il y obtint en effet la faveur d'une lecture. Mais la docte compagnie, il faut bien l'avouer, parut accueillir ses observations par un sourire d'incrédulité fort voisin de l'ironie. M. Girou, dont la conviction reposait sur plusieurs années d'expériences, habitué d'ailleurs à penser avec indépendance, ne se laissa pas ébranler. Sûr des faits, il se sentit animé d'une ardeur nouvelle pour en accroître l'autorité en les multipliant, et en déduire une solide théorie. Bientôt après il envoya à M. Dumas, aujourd'hui sénateur, alors un des trois rédacteurs des *Annales des sciences naturelles*, une série de nouvelles observations que ce savant, non seulement inséra dans son journal, mais appuya de savantes considérations qui lui étaient propres. Peu de temps après, Laplace, Fourier, Ampère, Arago, Cuvier, avaient confirmé par leurs propres remarques les découvertes du physiologiste aveyronnais. Aussi en recueillit-il, avec une haute considération pour son talent d'observateur et de logicien, des relations pleines de cordialité avec les plus illustres savants de France.

Les années 1824 et 1825 le revirent dans sa solitude de Buzareingues, suivant avec l'opiniâtre persistance qui faisait de lui un digne fils du Rouergue, le pays des âpres montagnes et des fermes volontés, les courants multiples mais convergents qui se pressaient dans sa tête encyclopédique, et s'alliaient aux vulgaires nécessités de l'exploitation de sa ferme, dont il n'avait cédé à sa femme et à son fils aîné que l'administration de détail. Faire valoir un grand domaine et approfondir la science sont deux tâches fort malaisées à mener de front, et qui supposent une haute puissance de travail et de méthode. M. Girou y ajoutait encore la direction du Comice de Sévérac, dont il rédigeait les procès-verbaux avec cette précision correcte, qui était depuis longtemps devenue un des caractères de son style. Cette activité se résumait en mémoires. A la *Feuille villageoise* il communiquait les premières feuilles de l'ouvrage qu'il préparait sur la *Génération*, devenu le centre où aboutissaient toutes ses investigations. A la Société Linnéenne il adressait un mémoire sur le *Son*, où il entrait dans le champ de la physique par une théorie qu'il croyait nouvelle, mais où il avait été devancé. Pour la Société d'agriculture de la Seine il préparait un mémoire sur le *Dépiquage des grains*. C'est ainsi qu'il tenait tête à tous les devoirs que son zèle ou ses succès antérieurs lui avaient créés.

Sur la fin de 1826, il reçut la récompense la plus précieuse de cette existence toute vouée à la science par la lettre suivante, qui lui causa autant de surprise que de plaisir.

« Paris, le 18 décembre 1826.

» *Le Secrétaire perpétuel de l'Académie, à M. Girou de Buzareingues.*

» Je m'empresse, Monsieur, de vous adresser l'extrait du procès-verbal de la séance dans laquelle l'Académie royale des sciences vient de vous nommer l'un de ses correspondants dans la section d'économie rurale.

» En vous donnant ce titre comme un témoignage de son estime et de sa considération, l'Académie vous invite à lui faire part du fruit de vos recherches dans les sciences dont elle s'occupe, et qui vous ont acquis une juste célébrité.

» J'ai l'honneur de vous prier, Monsieur, d'agréer l'assurance de ma considération distinguée.

» Baron George Cuvier. »

Très sensible à un honneur qu'il appréciait vivement, M. Girou l'accepta comme un encouragement plus encore que comme une récompense, et le désir de s'en montrer digne redoubla son ardeur. Les *Annales des sciences naturelles* lui étaient ouvertes depuis quelque temps, et il en profita largement.

En 1827, il rédigea un mémoire sur le *Revenu actuel du département de l'Aveyron*. Sans s'écarter de la vérité dont il était en toute circonstance le scrupuleux et consciencieux témoin, il montrait avec une entière franchise la condition misérable de la population de ce département, contre laquelle l'exagération des lois fiscales se faisait la complice d'un sol et d'un climat également difficiles à manier. Il voulait par là concourir à faire compléter le premier dégrèvement, obtenu en 1821. Cet acte avait entouré d'une reconnaissance qui ne doit pas s'effacer avec les années, car elles accroissent la grandeur du service, le nom de M. de Cabrières, auteur d'un mémoire approfondi sur les évaluations cadastrales du département, et celui de M. Godard, inspecteur des contributions directes qui, dans l'exécution de cette grande mesure, déploya un zèle au-dessus de tout éloge.

L'heureuse et paisible existence que faisaient à M. Girou de Buzareingues ses goûts studieux dans une retraite embellie et vivifiée par ses soins, fut à cette époque troublée par un grand malheur. En 1826, il avait mariée sa fille à M. Delzers, professeur suppléant à la Faculté de droit de Paris : une année ne s'était pas écoulée que la jeune femme, objet de tant d'affections et d'espérances, en revenant au pays natal, contractait une maladie aiguë, rebelle à toutes les prescriptions de la médecine ; et elle s'éteignait au commencement de l'année 1828, à la fleur de l'âge, du talent et de la beauté, dans les bras de sa mère et de son père inconsolables. Ce fut pour M. Girou un coup d'autant plus terrible, qu'en faisant lui-même l'éducation de sa fille, il avait fortifié les liens du sang par la plus intime communauté de sentiments et d'idées. Il consigna l'expression de sa douleur dans une notice inédite sur cette fille adorée, écrit mouillé de larmes trop intimes pour être livré à la publicité.

Reprenant enfin l'empire de lui-même, il fit de nouveau appel à la science, et lui demanda des forces, sinon des consolations. Il y trouva du moins une salutaire diversion à ses douleurs. Dès lors ses recherches se

5

multiplièrent, plus nombreuses que jamais, sous son scapel et son microscope, les mémoires et les écrits sous sa plume.

En 1828 parut son ouvrage sur la *Génération*, résumé de plus de vingt-cinq ans d'observations. Impatiemment attendu, grâce aux communications partielles qui en avaient donné un avant-goût, ce livre fit sensation. Présenté au concours de physiologie ouvert par l'Académie des sciences, il détermina une prorogation de délai, afin de donner à l'expérience le temps de confirmer ou de démentir les faits, étonnants par leur importance et leur nouveauté, qui s'y trouvaient consignés.

Comme pendant du livre de la *Génération*, il publia la même année sa *Philosophie physiologique, politique et morale*, qui révélait dans son auteur un esprit aussi pénétrant et aussi indépendant dans les sciences psychologiques que dans les sciences cosmologiques. Du reste, il ne sortait pas, à vrai dire, du cadre de la physiologie, comme l'indique bien le titre de son livre, mais il l'agrandissait. On peut s'étonner que M. Girou, si attentif à signaler les transmissions de goûts héréditaires, n'ait pas rapporté son penchant pour la morale et la métaphysique, rare chez les physiciens et les agronomes, aux influences reçues de son oncle, l'abbé Girou, prieur de Loubous, auteur de divers ouvrages de philosophie.

De 1828 à 1830, parurent divers autres écrits : la deuxième édition de son mémoire sur les poils ; un mémoire sur les attributions des principaux organes cérébraux ; de nouvelles observations sur la reproduction des animaux domestiques et sur le rapport de volume des deux sexes dans le règne animal ; d'autres observations sur l'origine des circonvolutions du cerveau et du cervelet ; un mémoire sur les préparations des terres fortes avant les semailles d'hiver et sur l'emblavement.

Dès 1827, soupçonnant que les lois qu'il avait découvertes sur la reproduction des animaux domestiques devaient s'appliquer au regne végétal, il avait commencé une suite d'immenses recherches pour la vérification de cette hypothèse : en 1830, parut un premier exposé de ses curieuses recherches sur ce sujet. En même temps, il fournissait des réponses raisonnées à des questions adressées par le ministre de l'intérieur sur les brevets d'invention et repoussait comme immoraux les encouragements offerts aux Français pour l'importation dans leur patrie des découvertes étrangères dont la propriété était garantie à l'inventeur par un brevet. Tout cela était entremêlé de nouvelles et amicales polémiques avec Robert le Sauvage dont la malice railleuse et féconde en arguments se plaisait à aiguiser la candeur, moins naïve, du reste, qu'on ne le supposait peut-être, de son contradicteur.

C'est au milieu de ces nobles occupations que la révolution de Juillet surprit M. Girou de Buzareingues. Bien qu'il eût pieusement conservé dans son cœur le culte de la gloire impériale, il ne s'était pas mêlé aux luttes des partis sous la Restauration, et son opposition s'était bornée à ses votes d'électeur. Néanmoins, il accueillit avec joie l'inauguration d'un pouvoir qui promettait à la France un respect plus spontané des principes de 89, et un hommage sincère aux souvenirs de l'Empire. Aussi prit-il place, dès les premiers jours, parmi les défenseurs de la nouvelle monarchie, et, trouvant les promesses du roi Louis-Philippe justifiées par le maintien de l'ordre à l'intérieur et de la paix au dehors, sans aucun sacrifice imposé aux libertés publiques, il resta fidèle à la dynastie d'Orléans, pendant cette période de dix-huit ans de règne que l'histoire impartiale inscrit dès aujourd'hui parmi l'une des plus heureuses dont la France ait joui.

Il rentra dans la politique militante par diverses polémiques. Sa première lutte fut avec M. Grandet, un de ces esprits qui se piquent d'allier l'originalité de pensée et de caractère avec une grande prudence politique. Tandis que l'avocat plébéien signalait le programme des 221 comme la limite extrême des concessions à accorder à la révolution triomphante, M. Girou réclamait une plus large mesure de confiance envers le peuple, de l'estime pour les combattants de Juillet, des libertés et des droits pour tous. Ce n'était pas le seul dissentiment. Le cri de *Vive l'Empereur* ! avait retenti aux barricades de Juillet, et M. Grandet, qui ne pouvait découvrir à ce cri aucun sens raisonnable depuis la mort de Napoléon, dénonçait ce cri comme la révélation des vœux obstinés d'un parti qui refusait de s'incliner sour l'arrêt de la France. M. Girou, au contraire, l'interprétait comme un témoignage de la profonde empreinte que les gloires de l'empire, survivant à ses malheurs, avaient gravé au cœur des multitudes. Son impartialité, qui prêchait le respect de tous les cultes, lui suscita d'autres adversaires, lorsqu'il eut publié un article sur la *Tolérance*. Ce mot n'a jamais été bien acclimaté dans l'Aveyron. Au nom de la théologie catholique on le prit ouvertement à partie. M. Girou releva les attaques une à une, avec beaucoup de fermeté et en même temps avec une urbanité qui permit de conclure une trêve, à défaut d'une paix définitive qui eût défié la diplomatie la plus habile, car la dissidence était au fond des esprits ; M. Girou aimait la liberté et la diversité, même dans les matières religieuses, autant que ses adversaires la déploraient. Heureusement pour lui, si son orthodoxie prêtait à la discussion, il ne pouvait être accusé de vouloir la ruine de la famille et de la propriété, car il était le meilleur des fils, des époux et des pères, et un des plus grands propriétaires du département. Il ne tarda pas du reste à obtenir des suffrages moins divisés en poursuivant de ses critiques le saint-simonisme qui avait, vers 1831 et 1832, séduit même dans notre département, par ses généreuses aspirations, quelques têtes jeunes ou mûres, dans les rangs que la naissance et la fortune préservent d'ordinaire d'écarts aussi désintéressés. Ce qui distinguait à un haut degré la polémique de M. Girou de toutes celles qui, à cette époque, remplissaient les journaux, était la plus exquise politesse pour les personnes et une sincère justice rendue aux intentions. Il se souvenait d'avoir payé tribut aux premières effervescences de la révolution de 1789 ; il avait d'ailleurs beaucoup vu, beaucoup lu, beaucoup appris, peu oublié : trop intelligent pour s'associer aux colères et aux insolences vulgaires envers les esprits qui ouvrent ou veulent ouvrir des voies nouvelles à la pensée, novateur lui-même plein d'audace dans la carrière scientifique, il adoucissait par l'aménité des formes l'inexorable fermeté de ses convictions. Malheureusement son exemple était peu contagieux, pas même pour le plus facile des devoirs mutuels, la signature. Il signait toujours ses articles et ne put obtenir pareil procédé de la plupart de ses contradicteurs, s'obstinant à attaquer sous le voile de l'anonyme, souvent transparent, on doit le reconnaître, un champion qui combattait toujours à découvert. M. Girou ne comprit jamais ce nouveau genre de dignité ; il aurait voulu que les mœurs eussent à cet égard devancé la loi qui, plus tard, fut jugée nécessaire.

Désigné par sa notabilité même au choix du pouvoir pour le Conseil général du département, M. Girou se montra, pendant quatre ans, l'un des membres les plus assidus de ce corps, l'un des plus laborieux, et, chacun le croira sans peine, l'un des plus intelligents. Il s'associa de tout son cœur à cette politique conciliante et progressive, se révélant par de grandes créations d'utilité publique, qu'inaugurait au sommet de l'administration le jeune Aveyronnais (M. de Guizard) dont la révolution de Juillet avait récompensé, par la fonction de préfet dans son propre pays, les talents déjà éprouvés et la protestation contre les ordonnances. Entre autres mesures secondaires, il fit voter l'exécution d'une statistique générale du département qui est encore à faire, croyons-nous.

Les élections de 1831 fournirent à M. Girou l'occasion d'une profession de foi politique, comme candidat à la députation. C'était, du reste, plutôt une démonstration qu'un appel aux suffrages : où sont les électeurs qui, avant de voter, se donnent la peine de lire consciencieusement une circulaire de trente-deux pages (1) ? Il se repré-

(1) Les autres candidats qui se disputaient à cette époque les suffrages des électeurs aveyronnais étaient : MM. de Balzac, Brassat-Saint-Parthem, Daude, Decazes, Delzers, de Gaujal, Humann, Merlin, de Nogaret, Rodat, de Séguret, Soulié, Tarayre, Vernhes, etc.

senta en 1834, supposant que son respectable ami, M. le baron de Nogaret, ancien préfet de l'Hérault, se retirait : en apprenant que celui-ci maintenait sa candidature, il s'empressa de se désister et de lui donner sa voix, car il proclamait, avec le zèle le plus sincère, les mérites et les services d'un représentant dont l'expérience consommée s'était mûrie pendant de longues années dans les hautes fonctions de l'administration départementale.

Il faut bien reconnaître du reste que le libéralisme de M. Girou de Buzareingues était d'un genre particulier, qui ne pouvait prétendre à la faveur d'un corps électoral recruté en majorité dans la classe moyenne.

Personne n'était moins aristocrate que lui, si l'on entend par là l'homme orgueilleux et ami du privilège ; ses sentiments, ses habitudes, sa personne, toute sa vie respiraient au contraire la simplicité la plus démocratique ; et néanmoins il poursuivait depuis longtemps de ses critiques les plus vives la loi d'égalité des partages, introduite par la Révolution ; il signalait le morcellement des fermes et le division indéfinie des propriétés qui en découlait, comme un fléau qui mettait en péril l'ordre social tout entier ; il soutenait l'utilité du luxe en un pays et un temps où le mot soulevait une sainte horreur. Après la révolution de Juillet il avait pris parti pour la liste civile de douze millions du roi Louis-Philippe contre M. de Cormenin, qui la trouvait d'une exagération scandaleuse. Loin de s'associer aux clameurs générales contre l'impôt et les gros traitements, il en défendait le principe et les saines applications. Bravant même l'opinion publique, avec une hardiesse qui témoignait au moins de son indépendance, il se fit le champion de l'hérédité de la pairie. M. Girou de Buzareingues n'avait, en somme, accepté la Révolution que sous bénéfice d'inventaire, et il en répudiait, avec la conviction la plus désintéressée, plusieurs applications qu'en ces temps de ferveur libérale on considérait comme des conquêtes définitives. Avec de tels sentiments il avait peu de chances d'être le député de la bourgeoisie. D'ailleurs ses goûts d'étude et de retraite, qui l'enfermaient à Buzareingues, le rendaient presque étranger à beaucoup d'électeurs. Aussi lorsqu'en 1833 la loi du 22 juin conféra aux citoyens l'élection des Conseils généraux de département, et réduisit à trente le nombre des conseillers pour l'Aveyron, nombre inférieur à celui des cantons, M. Girou cessa d'en faire partie, et dès lors la vie publique se réduisit pour lui aux modestes fonctions de conseiller municipal de sa commune. Ce fut une perte pour l'administration départementale, malgré le choix de l'homme honorable qui lui succéda.

Les préoccupations politiques qui, pendant quelques années, se partagèrent son activité, ne ralentirent pas ses travaux scientifiques, plus variés alors, plus nombreux et plus approfondis que jamais. Au mémoire sur Roquefort, qu'il avait publié vers le commencement de 1830, il en joignit deux autres sur Aubrac et sur Marcillac, ce qui lui donna l'occasion d'étudier à fond les aspects principaux de l'agriculture aveyronnaise. Il publia en même temps des mémoires sur le labourage, sur l'amélioration des moutons, des bœufs et des chevaux ; il reprit d'anciennes recherches sur le choix et la préparation des semences. Dans le domaine de la physiologie animale et humaine, où il se complaisait particulièrement, il corrobora sa théorie sur les lois de la génération par quatre nouveaux mémoires, et y ajouta un essai sur l'enchaînement et les rapports des diverses modifications de la sensibilité, ainsi qu'une étude sur le rapport de volume des sexes dans le règne animal. Il poursuivait en même temps, avec une ardeur qui n'avait d'égale que sa patience, de nombreuses et profondes recherches sur les points les plus délicats de la physiologie végétale, laquelle, depuis l'année 1827, tenait, comme nous l'avons dit, une grande place dans ses préoccupations.

Ces divers travaux, M. Girou les soumettait à l'Académie des sciences, en vue de se créer des droits à échanger son titre de membre correspondant contre celui de membre résidant, ce qui était la seule ambition de sa vie. Mais, pour y réussir, il eût fallu résider à Paris, autant par respect pour le règlement que pour cultiver les relations personnelles qui, sans déterminer le succès, y aident singulièrement. M. Girou, enchaîné à Buzareingues par ses affections, ses habitudes et ses intérêts, ne put jamais se résoudre à ce déplacement ; aussi échoua-t-il dans les trois occasions où sa candidature fut sérieusement posée (1828, 1831 et 1833), tout en approchant beaucoup du but.

Sa philosophie s'élevait au-dessus de ces échecs, et comme la soif de la science et du bien public était en lui bien supérieure à l'amour-propre, il persévéra dans ses studieuses habitudes. En 1836, il prit part à un concours ouvert par la Société de la morale chrétienne au sujet de l'abolition de la peine de mort, et, sur le rapport de M. de Lamartine, il obtint une médaille d'argent. La nécessité et l'opportunité d'abolir cette peine étaient pour lui une profonde conviction, née sans doute du souvenir des exécutions révolutionnaires, et fortifiée tant par la douceur naturelle de son caractère que par ses études de psychologie et de physiologie. A la différence de la plupart des défenseurs de la même thèse, il niait l'utilité de l'échafaud plutôt que le droit de la société, et ne tarissait pas en démonstrations pour prouver que les spectacles sanglants ne font que pervertir et endurcir les mœurs publiques sans conjurer aucun crime. Ceux-là même qui résistaient à ses scrupules et à ses théories ne pouvaient que rendre justice à la loyauté fortement réfléchie de sa conviction. M. Girou se retrouvait mieux d'accord avec le sentiment dominant de son pays en combattant le projet de loi sur le divorce, loi que le libéralisme s'efforçait en vain de réintégrer dans le Code civil, et qui fournit à un député de l'Aveyron, M. Merlin, l'occasion d'attacher à son nom la célébrité d'une opposition intraitable.

En toute occasion M. Girou se prononçait pour l'adoucissement des peines, parce qu'il y voyait non seulement un signe, mais une cause même de l'adoucissement des mœurs : dès qu'une telle question se débattait, il intervenait volontiers. C'est ce qu'il fit en 1836, à la suite d'un article que, pour mon début dans la presse aveyronnaise, j'avais publié dans *le Ruthénois* au sujet *De la multiplication des crimes et des moyens de les prévenir*. M. Girou eut la bonté de le remarquer, et d'en relever les inexactitudes dans une longue lettre qui fut publiée dans ce journal. Ce fut l'origine d'une amitié et d'une correspondance dont il honora ma jeunesse, et que j'ai eu le bonheur de voir survivre pendant vingt ans à toutes nos dissidences politiques et philosophiques.

Profitant de sa bienveillance, je l'engageai à concourir activement, tout humble que pût paraître ce piédestal pour un correspondant de l'Institut, à la rédaction du *Ruthénois*, dont je devais bientôt après prendre la direction. Il voulut bien y consentir, et il ne fut pas le seul, parmi les personnages contemporains, qui ne dédaignât pas d'associer un nom déjà célèbre à celui d'une foule de jeunes Aveyronnais aussi inconnus que moi (1).

M. Girou inaugura sa collaboration d'une façon tout à fait inattendue : par une *Prière à Dieu !* L'audace parut grande de toucher à l'arche sainte, et la critique circula de bouche en bouche dans le monde pieux. Cependant il fallut se résigner au silence, car si cette prière ne contenait pas toute l'orthodoxie chrétienne, les vérités qu'elle contenait étaient inattaquables. En retrouvant depuis, dans les manuscrits de l'auteur, un brouillon de la même pièce qui remonte, d'après le caractère de l'écriture, vers l'époque même où il prenait possession de son domaine de Buzareingues, près de quarante ans aupara-

---

(1) Dans une notice sur les journaux de l'Aveyron, insérée dans l'Annuaire de ce département pour 1853, un auteur anonyme a exposé, avec toute la précision d'un archiviste, l'historique des recueils périodiques de l'Aveyron, en s'appliquant surtout à rappeler le nom des directeurs et des principaux rédacteurs. Il n'y a d'exception que pour *le Ruthénois*, devenu plus tard *la Revue de l'Aveyron et du Lot*, dont l'anonyme s'est gardé avec soin de nommer aucun des collaborateurs : ce n'étaient pourtant pas les signatures ni les renseignements qui manquaient ! On aura beau garder le silence, il ne sera pas facile de supprimer certains noms de l'histoire littéraire du département durant ces vingt dernières années, quelque importuns que ces noms soient à certaines mémoires.

vant, j'ai dû constater combien la pensée religieuse, inspirée de la profession de foi du Vicaire savoyard, avait de bonne heure pénétré l'âme de ce fervent disciple de Rousseau.

Mon savant collaborateur ne tarda pas à fournir à la théologie une occasion plus sûre de dégaîner contre lui. Il publia dans le *Ruthénois* des fragments fort étendus d'un livre de morale, mais d'une morale physiologique, déduite des lois de la vie observées dans l'organisme humain, au lieu d'être conçues *à priori* par un procédé métaphysique. Pour les expliquer, il mentionnait volontiers le *ganglion semi-lunaire*, et les *nerfs de la huitième paire*, et le *grand sympathique*, bref, tout l'appareil du mouvement et de la sensibilité qui se résume dans le système nerveux. Peu après le *Journal de l'Aveyron* inséra de lui des *Pensées sur la religion*, pensées fort imprégnées d'esprit philosophique. Tant de témérités déplurent comme autant d'impiétés, et suscitèrent de vives polémiques dans lesquelles il dut lutter seul contre trois adversaires unanimes à l'accuser d'*indifférentisme* ! En tout autre pays que l'Aveyron, de tels débats auraient peu de succès ; mais ici on les trouve pleins de charmes, parce qu'on les comprend peut-être mieux qu'ailleurs, grâce à l'éducation plus ou moins scolastique et ecclésiastique qui a pénétré dans toutes les familles bourgeoises (1). De tout temps, d'ailleurs, nous parlons du dix-neuvième siècle, les journaux y ont été nombreux et sérieux, et les esprits

(1) Un exemple : l'abbé Bousquet, dans sa Notice historique sur Saint-Geniez, constate que cette ville comptait, au moment de la révolution de 1789, soixante-huit de ses enfants engagés dans les ordres ecclésiastiques.

portés aux controverses dogmatiques. Tout en s'inclinant respectueusement devant le catéchisme, on ne dedaigne pas d'assister au spectacle de la théologie se débattant contre la philosophie, et même battue par elle. C'était du moins ainsi il y a vingt ans ! Les polémiques avec M. Girou, compliquées de celles que je soulevais pour mon propre compte, occupaient la curiosité de nos compatriotes, et, selon le goût des lecteurs, excitaient la colère ou la joie. Les questions n'en étaient pas de beaucoup éclaircies, car, suivant l'usage, chacun croyait avoir triomphé ; mais on se sentait respirer et écrire librement : première et vive satisfaction à laquelle la presse locale avait le bon esprit de s'associer par une large hospitalité accordée au pour et au contre.

La fondation de la Société des lettres, sciences et arts de l'Aveyron fut la manifestation la plus utile et la plus durable de ce mouvement d'idées qui, comme une sève printanière, circulait alors dans les meilleurs esprits. M. Girou s'associa avec empressement à l'institution nouvelle, ainsi qu'en témoigne la lettre suivante qu'il m'adressa :

« Buzareingues, 14 décembre 1836.

» Monsieur,

» J'accepte avec reconnaissance l'honneur que me fait la Société des lettres, sciences et arts de l'Aveyron de m'admettre au nombre de ses membres titulaires (1). Je ferai en sorte de me conformer à ses statuts. J'at-

(1) Comme correspondant de l'Institut, il avait droit au titre de membre honoraire qui lui fut, en effet, conféré peu de temps après.

tends, monsieur, de la bienveillance que vous me témoignez, et de l'influence qui vous sera si légitimement acquise dans cette Société, que vous la prédisposerez à accueillir avec indulgence mes excuses, si tant est que je sois empêché de me rendre à sa grande session annuelle de septembre, celui de tous les mois où il m'est le moins permis de m'absenter. »

A travers cette activité d'esprit les années s'accumulaient sur la tête de M. Girou : un coup de sang, qui le frappa d'hémiplégie en 1837, dans sa soixante-quatrième année, vint le lui rappeler tristement, à la suite d'une vive émotion produite par la vue d'un domestique blessé à la tête en tombant de cheval, et couvert de sang. Il se sentit atteint. « Ma tête est lourde, m'écrivait il encore une année après, ma mémoire faible, mon intelligence obtuse. » Mais les loisirs forcés que lui fit la maladie ne l'empêchèrent pas de préparer des travaux nouveaux, et de coordonner ses études antérieures.

Nous avons vu que, dès l'année 1828, sa philosophie s'était formulée dans un livre de doctrine. De ce fonds primitif de théories dérivèrent deux courants : l'un qui le porta vers les profondes abstractions de la métaphysique, l'autre vers l'éducation ; double tendance qui était un fruit naturel de la vieillesse, lui ouvrant d'une part, comme à beaucoup d'esprits élevés, les horizons de l'infini et de la religion, et en même temps entourant le déclin de sa vie d'un cercle de petits-enfants que lui donnaient ses deux fils.

A la tendance métaphysique est dû l'écrit sur la *Nature des êtres*, qui parut en 1840. Les affections paternelles inspirèrent le livre de *Marie*, nom de la première petite-fille que lui avait donnée la femme aussi distinguée que modeste qu'avait épousée Charles, son fils aîné. Un second volume sur l'éducation des garçons naquit quelques années après d'une cause analogue.

En dehors de ces deux voies je ne trouve, dans la période de 1837 à 1845, qu'un seul écrit, et ce fut encore un tribut payé à l'amitié plus qu'à la science. Je veux parler de l'examen critique du *Cultivateur aveyronnais*, ce livre où M. Amans Rodat avait condensé, avec l'art d'un maître accompli en fait de style comme en fait d'agriculture, les fruits d'une longue pratique.

Avec l'année 1846, qui sonnait pour lui la soixante-treizième année, sa vieillesse semble reverdir, car les observations, les mémoires et les livres renaissent nombreux sous sa plume. Il publie successivement des observations sur les récompenses à accorder à quelques branches de l'économie rurale, sur l'utilité de l'indivision de l'exploitation dans quelques fermes, sur la maladie des pommes de terre, un mémoire sur les divers états atmosphériques de l'eau, et leurs principales influences sur le baromètre. Il revint à ses études favorites par trois mémoires de physiologie végétale et de statistique humaine : l'un sur les analogies entre les plantes et les animaux, le second sur le changement des rapports des sexes dans les naissances, le dernier sur l'enchaînement des idées, des sensations et des sentiments Dans ce dernier, le nom du docteur Louis Girou de Buzareingues est associé au sien comme coauteur, titre justifié par une collaboration réelle qui datait de loin. Depuis près de vingt ans le fils se plaisait à mettre son scalpel et son crayon au service de son père ; il l'aidait dans ses préparations anatomiques, soumettait ses manuscrits à une franche et sévère révision, lui communiquait les découvertes les plus récentes de la science, dont l'écho arrivait quelquefois un peu tardivement à Buzareingues, et s'associait ainsi à l'œuvre paternelle avec une entière abnégation d'amour-propre, car il n'avait jamais consenti jusqu'en 1848 à mettre son nom à côté de celui de son père, malgré les vœux de ce dernier, réservant sa signature pour les travaux qui lui appartenaient en propre.

C'est au milieu de ces sérieuses diversions aux infirmités de l'âge que la révolution de Février le surprit, comme un coup de foudre dans un ciel serein. Il en fut affligé, n'ayant pas foi dans la durée de la République qu'il jugeait contraire aux mœurs françaises. Il vota, en 1848, pour la présidence du prince Louis-Napoléon, à qui ses sympathies n'avaient pas fait défaut, même au château de Ham : après tout, disait-il de lui pendant sa captivité, il est digne de sympathies, car c'est le neveu de l'Empereur. En 1849, il opposa un projet de constitution à celle qu'avait adoptée l'Assemblée nationale. En 1851, il vota pour la présidence décennale. En 1852, il rédigea l'adresse de sa commune pour le rétablissement de l'empire, consécration de ses vœux les plus fermes. En 1853, il rédigea une autre adresse à l'empereur pour le féliciter de son mariage. Le nouveau souverain ne comptait peut-être pas en France un partisan plus dévoué et de plus longue date.

La République, du reste, n'avait à ses yeux que le tort d'être opposée aux sentiments et aux habitudes de la nation : elle n'avait point troublé le repos de ses vieux jours, si bien qu'en 1840, à l'âge de 76 ans, on le trouve publiant un *Précis élémentaire de physiologie agricole*, suivi peu de temps après de nouvelles observations agronomiques, et en 1852, comme sceau et couronnement de sa longue carrière, d'un *Précis de morale* dédié à ses petits-enfants. La République avait accordé même à M. Girou de Buzareingues un témoignage de haute estime qu'il n'avait reçu d'aucun autre gouvernement. En 1850, à la fête du 4 mai, lorsque sur la place de la Concorde se dressèrent quatre arcs de triomphe dédiés aux sciences, aux lettres, aux arts et à l'agriculture, M. Girou se trouva du très petit nombre des auteurs vivants dont le nom fut associé à celui des plus grandes illustrations de la France.

L'année précédente, il avait aussi recueilli un témoignage de haute considération agricole dans son pays natal. En 1849, il concourait pour la prime départementale de 1.500 francs, instituée par le gouvernement de Louis-Philippe, sur l'initiative de M. de Guizard, pour récompenser les grands progrès accomplis dans les fermes. La prime lui fut accordée, sur le rapport de M. G. de Cabrières qui, après avoir exposé ses travaux, résuma ainsi l'opinion du jury : « Cette longue carrière n'a pas eu un moment d'interruption. Peu d'hommes ont eu une vie aussi bien remplie, aussi longuement utile, aussi digne de toutes les distinctions qui honorent le mérite. »

Un peu plus tard, en 1852, lorsque son fils, le docteur Girou de Buzareingues, se présenta aux électeurs de l'Aveyron comme candidat à la représentation nationale, sous les auspices et avec le concours du gouvernement, son père le recommanda dans une circulaire de quinze lignes, d'une simplicité patriarcale, et d'une originalité philosophique. Vingt-cinq mille suffrages accordés au fils apprirent au père que si un demi-siècle de dévouement à l'agriculture, à la science, au bien public avaient peut-être moins avancé sa fortune que ne l'eussent fait des spéculations plus égoïstes, son nom du moins avait grandi dans l'estime générale ; il sentit la satisfaction de léguer à ses enfants, avec le patrimoine amélioré de ses aïeux, un héritage de considération, de sympathie et d'influence qui a bien aussi son prix.

Quelques années s'écoulèrent encore paisiblement à Buzareingues, sur ce théâtre de son intelligente et incessante activité, embelli par ses soins, au milieu des générations de ses petits-enfants, dont il prenait plaisir à surveiller et diriger l'éducation, recueillant leur respect et leur affection en retour de sa sollicitude paternelle. Rassuré sur l'avenir de la France par la proclamation de l'empire qu'il avait prédit, comme il avait prédit la présidence du prince Louis-Napoléon (1), il recommandait en toute occasion la justice, la clémence, la liberté, surtout la liberté de la presse. Son seul souci était celui de sa vie entière : la loi du partage égal des successions, qui, à ses yeux, conduisait la France par le morcellement à la ruine.

Cette heureuse confiance politique, qui

(1) Il m'écrivait, le 12 février 1853 : « J'ai été si heureux dans mes prophéties sur Louis-Napoléon, que je ne devrais plus en faire. J'ai prédit que ce serait l'Auguste de la France ; qu'il serait nommé président : 1° à une grande majorité ; 2° à une majorité plus grande encore ; 3° et empereur à huit millions de suffrages. J'ose encore annoncer que son règne sera très prudent et très sage. Cependant, je ne suis pas prophète. »

se fortifiait de sa foi raisonnée dans l'immortalité de l'âme au sein d'un monde plus heureux, le disposait à envisager sans terreur la fin d'une vie dont la longue chaîne s'était déroulée avec la plus remarquable unité. Il trouvait même parfois que la mort était trop lente à délier son âme des entraves d'un corps qui ne répondait plus à son besoin et à ses habitudes d'activité. Aussi s'éteignit-il sans plaintes, sans souffrances, sans agonie, le 21 juillet 1856 dans le cours de sa quatre-vingt-quatrième année, entre sa femme, compagne tendre et dévouée de son existence depuis cinquante-sept ans, et son curé, l'ami et l'hôte des jours de recueillement : témoins émus l'un et l'autre, jusqu'au plus profond du cœur, d'une fin dont la sérénité couronnait dignement une vie consacrée à la science et au bien public. Tout ce que l'Aveyron comptait d'esprits cultivés et de nobles cœurs, et plus au loin le monde savant, s'unirent à ce deuil de la famille et des amis, sentant bien que le pays perdait en lui, parmi ses illustrations, l'une des plus pures par l'honneur comme l'une des plus hautes par le talent.

Tel fut en effet le double mérite qui distingua M. Girou de Buzareingues dans le cours de toute sa carrière. Il fut homme de bien autant qu'homme de science. Fils du dix-huitième siècle et témoin enthousiaste de la Révolution française, il partagea toutes les généreuses passions de cette époque ; il aima tout ce qu'aimèrent ses contemporains : l'égalité par l'abolition des privilèges, la liberté sous toutes ses formes, surtout celle de conscience, de culte et de presse, la fraternité par l'échange des services, le progrès social par l'essor des beaux-arts, des sciences, de l'agriculture, de l'industrie et du commerce. Et cependant il se préserva des haines qui entraînèrent tant d'autres au delà du juste et du bien. En toute occasion il se montrait respectueux envers la religion et la royauté, comme envers la morale ; ne parlait qu'avec convenance de ses adversaires, avec modération de leurs erreurs et de leurs torts. Maître de lui-même au plus fort des tempêtes politiques, il prêchait et pratiquait la tolérance, la douceur, la justice envers tous, vertus qui étaient le fond de son caractère et qu'il savait concilier avec une grande fermeté d'opinions et de conduite, car elles découlaient en lui seulement du respect des droits d'autrui, et non d'aucune faiblesse : elles s'étayaient de cette conviction philosophique, que l'homme n'est pas libre de ses croyances, dominé qu'il est par des habitudes héréditaires, par les exemples qui l'entourent et les erreurs de sa raison. Sincèrement patriote dans la meilleure acception du mot, il sentait vivement les douleurs et les joies de la patrie ; et, comme, grâce à son désintéressement, elles ne se traduisaient pas en calculs personnels, il put traverser avec une parfaite dignité ces périodes difficiles de l'histoire contemporaine, 1814 et 1815, 1830, 1848, 1851, qui ont mis tant de caractères à de rudes épreuves. Naturellement porté à la grandeur d'âme et ami de la vraie gloire, il en écoutait toujours les inspirations et les conseillait aux autres : ainsi, lorsque M. Frayssinous, invité par le roi Charles X, exilé de France, à venir diriger l'éducation du duc de Bordeaux, lui fit demander son avis, il répondit sans hésiter que le ministre qui avait accepté les faveurs du monarque sur le trône lui devait son dévouement dans le malheur, sentiment que partagea l'évêque d'Hermopolis.

Un caractère aussi droit et aussi sûr ne pouvait qu'ouvrir à M. Girou de Buzareingues de nombreuses et amicales relations, qui devenaient des sources de correspondance fort régulières, où lui-même était toujours en avance d'exactitude et d'attentions polies. Il fut lié à divers degrés avec la plupart des savants dont les circonstances le rapprochèrent. Nous citerons entre autres : Dumas, l'aide-major qu'il avait connu à Toulon, devenu plus tard doyen de la Faculté de Montpellier, ainsi que, parmi les confrères de ce dernier, Lordat et Bérard ; l'autre Dumas, un des maîtres de la chimie ; les agronomes Tessié, Huzard, Bosc, Yvart ; le physiologiste Dutrochet ; le mathématicien Fourier, qui se plaisait en de longs entretiens scientifiques et littéraires avec lui ; Jules Cloquet, le maître, le protecteur et l'ami de son fils Louis. Dans ses courts séjours à Paris, où l'attirait le charme d'un milieu approprié à ses goûts, il voyait beaucoup le botaniste Mirbel, Arago, Geoffroy Saint Hilaire, dont il adoptait les théories sur la variabilité des espèces animales, de préférence à celles de Cuvier, partisan de la fixité.

Dans l'Aveyron, il eut pour amis la plupart des notabilités de son temps, sans que la dissidence politique et religieuse fût jamais pour lui ni envers lui une cause d'éloignement. Nous avons parlé de l'attachement réciproque qui l'unit à l'abbé Marty. Les prélats les plus éminents donnaient l'exemple d'une estime cordiale envers un philosophe dont les spéculations, à les supposer quelquefois erronées, n'étant adressées qu'à l'élite du public, ne pouvaient être dangereuses. On a vu que l'abbé Frayssinous l'honorait d'une sincère confiance et lui rappelait volontiers qu'ils étaient un peu parents éloignés. Mgr Giraud, qui brilla sur le siège de Rodez avant d'être élevé à celui de Cambrai, correspondait avec lui, recevait ses écrits en échange de ses mandements, et acceptait à l'occasion l'hospitalité de Buzareingues. Uu mot de l'abbé Bousquet, curé de Buzeins, dans le voisinage, explique cette conduite : « Je serais trop heureux, me disait un jour cet excellent abbé, si tous mes paroissiens ressemblaient à M. Girou La vertu et la science habitent le château de Buzareingues. » Parmi les laïques, dont l'amitié étonnait moins que celle des évêques les scrupules des puritains, intraitables à l'endroit de la philosophie, M. Girou se plaisait à compter, à côté de son beau-frère M. Durand, conseiller de préfecture à Montpellier, le général Ricard, à qui il fit déférer la présidence du premier Comice rural de Sévérac ; le général Solinhac, presque aussi partisan que lui des mérinos ; le général Tarayre, son camarade de Saint-Geniez et d'Italie ; le baron de Nogaret, qu'il avait connu et aimé dès 1789 ; MM. Rodat et de Cabrières, père et fils, ses émules en agriculture et dans la presse ; MM. Randon du Landre, sous-préfet de Millau ; de Monseignat, Flaugergues, Clausel de Coussergues, membres distingués de nos Assemblées législatives ; le président de Séguret, dont il avait souvent admiré les talents, se plaisait-il à me dire ; M. de Guizard, en qui il retrouvait avec satisfaction un digne continuateur du baron de Trémont, le préfet de l'empire dont il faisait le plus de cas ; M. Loiseleur-Deslongschamps, enfant du Nord, qu'un amour de jeunesse avait fixé dans le Rouergue, et qui, parvenu à une vieillesse presque centenaire, poursuivait, comme une idée fixe, l'invention d'un baromètre irréprochable (1) ; M. Cabrol, le père de la haute industrie aveyronnaise, prélude des chemins de fer qui devaient, trente ans après la création de Decazeville, justifier, d'une façon aussi grandiose qu'imprévue, la clairvoyance de l'esprit supérieur qui avait suscité dans le pays l'exploitation en grand de ses richesses houillères et métallurgiques. A Paris, M. Girou retrouvait l'Aveyron dans le professeur Alibert, premier médecin des rois Louis XVIII et Charles X, et dans le statuaire Gayrard. Cet habile artiste exécuta le buste en marbre de sa fille, et assouplit même au bronze, sous forme de médaillon, les traits du père, qui pouvaient paraître quelque peu rebelles à la sculpture, car le travail incessant de la pensée avait sillonné sa figure d'un réseau de rides (2). Dans la compagnie de ses compatriotes, M. Girou se plaisait à faire revivre les réminiscences et les patois du Rouergue, et ce qui valait mieux encore,

---

(1) Tout l'Aveyron a su avec quel zèle infatigable ce vénéré représentant d'une famille illustre dans la science, qui avait participé lui-même au mesurage de l'arc du méridien terrestre, sous Méchain et Delambre, s'est occupé de son invention barométrique jusqu'à sa quatre-vingt-seizième année, terme de sa vie. M. Girou lui consacra dans le *Journal de l'Aveyron* une intéressante notice, ainsi que d'autres à MM. Marty, de Séguret, Cabrières, de Longeviale. Voir le *Journal de l'Aveyron*, n^os^ des 23 septembre 1843 et 30 juillet 1836.

(2) Il existe un portrait de M. Girou, par Champmartin, où l'on retrouve avec fidélité le caractère pénétrant et méditatif de ses yeux bleus, à la fois doux et vifs, se jouant sous deux sourcils redressés en sens opposé, ce qui était un des traits caractéristiques de la physionomie de l'original, et provenait de causes qui sont expliquées dans un mémoire. — Ce portrait est dans les salons de son fils cadet.

il trouvait en eux un cœur toujours chaud, un esprit toujours vert, empreints d'une forte teinte aveyronnaise.

Ce genre de mérite lui était très sensible, car en lui l'amour de la grande patrie s'alliait avec l'amour de la province natale. Il aimait également le Rouergue ancien et l'Aveyron moderne. Bien que ses études ne l'eussent jamais conduit vers l'histoire et l'archéologie locales, il s'y intéressait vivement. Sur sa terre de Buzareingues se dressaient quelques dolmens : il les faisait soigneusement respecter et les montrait avec intérêt à ses visiteurs. Dans ses courses à Aubrac, il avait été fort attristé du spectacle des ruines de l'ancienne abbaye, et il prit à cœur leur restauration. Afin de secouer l'indifférence publique de cette époque, il rédigea un article pour le *Journal de l'Aveyron* ; il m'écrivit à moi-même quelque temps après :

« J'écris à M. H. de Barrau ; je lui recommande les restes de l'ancienne abbaye d'Aubrac ; je vous les recommande aussi à vous-même ; un des premiers soins de la Société (des lettres, sciences et arts) dont vous êtes le fondateur, doit être d'arrêter les progrès du vandalisme. »

Plus tard, il s'associa à toutes les démarches pour obtenir le restauration de la célèbre abbaye, et peut-être n'y a-t-il que justice à faire remonter jusqu'à lui le premier honneur de la réédification de l'église et de la tour des anciens hospitaliers. Au Conseil général de l'Aveyron, il appuyait avec ardeur tout ce qui pouvait donner du lustre au département, même dans des tendances que l'on pouvait supposer peu sympathiques à ses opinions. C'est ainsi qu'il insista très vivement pour la fondation du grand séminaire de Rodez. « Les prêtres, disait-il à ceux de ses collègues que des considérations d'utilité religieuse trouvaient indifférents, sont un des produits les plus distingués et les plus fructueux de l'Aveyron, qui compte toujours une douzaine d'évêques vivants : gardons-nous de négliger une spécialité aussi importante ! » Il encourageait par ses éloges les recherches infatigables de l'abbé Bousquet, son digne voisin et compatriote, trop tôt enlevé à la science de l'histoire locale qu'il cultivait avec une rare passion. Très bienveillant pour la jeunesse, signe distinctif des nobles caractères, il envisageait tous les débuts avec une grande indulgence ; il honora les miens de ses éloges, dont il était, en général, aussi prodigue que d'autres savants en sont avares : il y joignait des conseils pleins de franchise, et poussait l'obligeance jusqu'à m'offrir de reviser les épreuves de mes propres articles pour les améliorer. Lorsqu'en 1838 j'entrepris ma collection des *Proverbes patois du Rouergue* (1), non seulement il applaudit à mon projet, mais il réveilla tous ses vieux souvenirs ; il interrogea ceux de sa femme, de ses servantes, de ses valets de ferme, de ses voisins ; il enrôla au service de la même idée son voisin et ami M. Lescure, maire de Lavernhe, et c'est grâce à tous ces concours réunis, auxquels d'autres vinrent en aide sur divers points du département, que je pus former un des recueils les plus curieux qui existent des proverbes et locutions populaires de l'ancienne France. La conservation de ces fragments littéraires, que chaque jour

(1) Publiés dans le tome V des *Mémoires de la Société des lettres, sciences et arts de l'Aveyron.*

emporte, ne tenait point chez lui à des prédilections philologiques, comme en Charles Nodier, qui se fit, vers le même temps, le champion des patois : préoccupé des idées, M. Girou ne prisa jamais beaucoup la science des mots ; aussi son estime pour la langue vulgaire découlait-elle de hautes vues de morale et d'économie sociale (1).

Pour suffire à une aussi grande diversité d'occupations et de goûts, M. Girou s'était imposé un plan de vie où le travail laissait à peine quelques heures au repos. Pendant de longues années, levé à trois heures du matin, il avait recueilli sa moisson de faits ou exécuté de longues courses, avant que la ferme s'éveillât et le trouvât prêt à prendre son rôle de direction et de surveillance active, dont il ne se départit jamais. En tout temps, en tout lieu, son esprit travaillait et son corps se mouvait, mais suivant des règles d'alternance habilement combinées, qui employaient tour à tour les divers organes, comme par un assolement régulier. Pour

---

(1) « Il faut marcher avec son siècle, écrivait-il à ce sujet : et je suis loin de blâmer le dessein d'enseigner le français aux habitants des campagnes. Le besoin d'une langue commune à tous les Français, *et bientôt peut-être à toutes les nations*, est trop facile à comprendre pour que je le méconnaisse. Mais il serait fâcheux que les divers idiomes tombassent dans un entier oubli. C'est un avantage aussi d'avoir une langue particulière, à laquelle se rattachent des mœurs locales, c'est-à-dire des mœurs, car il n'y en a que de telles. Que l'habitant des campagnes conserve son patois, afin qu'il n'oublie pas ses pères, leurs sentences, leurs proverbes, et qu'il comprenne et sente ce que sentirent ses aïeux ; afin qu'il reconnaisse ses compatriotes en pays étranger ou ennemi, afin qu'il possède quelques notions endémiques, quelques habitudes propres qui l'enchaînent au sol qui le porte et le nourrit. » (*Journal de l'Aveyron*, n° du 25 juillet 1835.)

laisser à ses facultés tout leur ressort, il pratiquait la sobriété la plus sévère, au point de se réduire à un seul repas par jour, dans une certaine période de sa vie. Aussi avaient-elles acquis une puissance qui défiait tout trouble extérieur : au milieu des conversations du salon, ou des jeux les plus bruyants de ses enfants, il suivait imperturbablement le fil de ses abstractions ; et néanmoins, malgré le haut prix que toute minute avait pour lui, il abandonnait généreusement de longues heures aux hôtes qui venaient à Buzareingues s'éclairer de ses lumières, et étudier sur place ses travaux d'amélioration ; mais il se dérobait volontiers dès que sa présence n'était plus nécessaire, pour aller recueillir et fixer sur le papier les idées qui avaient traversé son cerveau ou son oreille.

Quoique novateur et créateur par instinct, il faisait à la lecture une part très large. Fourcroy, Lavoisier, Thénard, Chaptal, Berzélius, Humphry Davy, Biot et le *Journal de physique et de chimie* tour à tour captivèrent son attention. Passionné pour l'anatomie et la physiologie, il les étudiait dans Lafosse, Bichat, Cuvier, Carus, Darwin, Geoffroy Saint-Hilaire, Dugès, Muller, Magendie, Dumas, Richard, Adelon, etc. Il suivait avec attention les mémoires insérés dans les *Annales des sciences naturelles*, et ne négligeait pas les travaux des géologues et des botanistes. Les comptes rendus officiels des séances de l'Institut le tenaient au courant des progrès des sciences exactes.

Comprenant, comme son ami, le mathématicien Fourier, ancien professeur de rhétorique, la nécessaire alliance des lettres et des sciences, il se plaisait à l'histoire et à la littérature. Il trouvait son délassement aux fatigues du cerveau dans un volume de Plutarque, de Buffon, de J.-J. Rousseau, de Voltaire, de Montesquieu, de La Mennais ; d'autres fois, il leur préférait Massillon, Fénelon, les Conférences de l'abbé Frayssinous. Voulait-il se livrer aux méditations philosophiques, sa main ouvrait un volume de ses auteurs favoris : Spinosa, Montaigne, Locke Leibnitz, Condillac, Maine de Biran, dont il avait fréquenté le salon, Destutt de Tracy, Cabanis, Thomas Reid. En économie rurale, il avait beaucoup étudié les Anglais, entre autres Arthur Young, et il suivait avec soin dans les *Annales de l'agriculture française* les travaux des agronomes français. En économie politique, Malthus et Jean-Baptiste Say l'attiraient le plus fréquemment. En général, il n'inclinait que vers les grands penseurs, et néanmoins il ne dédaignait aucun genre d'ouvrage pourvu qu'il fût sérieux. Dans les dernières années de sa vie, les œuvres d'Arago étaient devenues sa plus agréable distraction : il les a relues plusieurs fois. Alliant une sincère modestie à un grand esprit de justice, il prenait un vrai plaisir à vanter les savants, ses maîtres, ses collègues et ses rivaux, ne les dépréciant jamais pour se faire valoir à leurs dépens. Il était heureux de trouver en d'autres du talent et du mérite, et ne pouvait tolérer la médisance, qui blessait vivement son cœur : aussi, ne permit-il jamais qu'on attaquât en sa présence un ami absent ; c'était, pour ainsi dire, une des conditions de l'hospitalité de Buzareingues.

Toutes ses lectures étaient résumées en extraits, suivant l'excellente pratique de nos anciens, qui tombe de nos jours en désuétude, comme tant d'autres : accumulés jour par jour, coordonnés avec méthode, ces extraits formaient comme des magasins de réserve, où il puisait suivant les besoins de son esprit. Il y puisait souvent, car il écrivait beaucoup ; aussi laisse-t-il inédits bon nombre de manuscrits, à un degré fort avancé de rédaction : ils composent un lot à peu près égal à ce qui a été publié. Quant aux simples extraits, ils forment une masse plus imposante encore, et attestent une étonnante variété de lectures. Les écrits qui étaient destinés à la publicité, M. Girou les revisait avec sévérité, attachant un grand prix à la correction du style, garantie première de la netteté des pensées. Il se plaisait à les lire d'abord à sa femme, sachant bien que la rectitude et la finesse du jugement, même quand elles éclatent volontiers en traits plaisants contre la science et les savants, suffisent à donner à l'esprit féminin, dans les choses qui lui sont le moins familières, une compétence qui n'est pas à dédaigner. Puis il les communiquait à ses amis et à ses hôtes, leur demandant conseil avec une sincérité dont témoignait son empressement à rectifier les erreurs qui lui étaient signalées, bien qu'il fût inébranlable dans ce qu'il croyait la vérité.

II

APERÇU DES TRAVAUX

Dans les pages qui précèdent, j'ai voulu seulement raconter la vie, indiquer les écrits et dépeindre les habitudes morales et intellectuelles de M. Girou de Buzareingues. Il me reste à entrer dans quelques détails plus précis sur la suite et l'ensemble de ses travaux. Je ne saurais prétendre à les apprécier ; il me faudrait pour cela posséder, comme lui, une science encyclopédique qui me manque. Qu'il me suffise d'en faire entrevoir l'étendue, la variété et la portée.

Quoiqu'à vrai dire les sciences soient unies entre elles, comme les rameaux d'un même arbre, et qu'elles apparussent ainsi aux yeux de M. Girou, qui faisait de la physiologie la science propre de la nature, le tronc et l'axe de toutes les connaissances, par nécessité d'analyse, nous diviserons l'œuvre de notre savant compatriote en sept catégories :

Agriculture et Economie rurale ;
Physique et Météorologie ;
Anatomie et Physiologie végétale ;
Anatomie et Physiologie animale ;
Psychologie, Morale, Education ;
Politique, Economie sociale ;
Métaphysique, Ontologie, Religion ;

suivant que ses travaux ont eu pour objet : la production agricole, — les fluides impondérables et atmosphériques, — l'organisme végétal, — l'organisme animal, — l'homme, — la société, — l'être infini : autant d'aspects et de forces de l'univers que M. Girou a simultanément ou successivement soumis à ses études, et qui, dans son esprit, comme dans la nature, se fondaient en une harmonieuse unité.

Agriculture, Economie rurale.

M. Girou comprit un des premiers une vérité devenue aujourd'hui populaire dans l'Aveyron, mais qui ne l'était pas au même degré il y a soixante ans, savoir : que l'agriculture de ce pays montueux, hérissé de roches, couvert de pierres, au climat pluvieux, âpre et instable, devait pivoter sur les fourrages et sur l'éducation du bétail, non sur la production des grains. Après avoir essayé des brebis indigènes et des vaches d'Auvergne, dont il ne fut pas satisfait, il se tourna, dès 1802, vers les moutons mérinos, les chevaux arabes et les vaches tant suisses que sans cornes, et s'efforça d'entraîner ses confrères dans les mêmes voies.

Il est permis de dire, d'après les enseignements d'une longue expérience, que de telles tendances, bien qu'elles fussent appuyées par l'administration, peut-être à cause de cela même, étaient téméraires pour le temps et pour le pays. M. Girou apprit à ses dépens, sauf peut-être pour les mérinos, ce qu'il en coûte au zèle le plus intelligent et le plus actif pour conjurer, moins encore l'influence des pluies et l'excessive humidité de l'atmosphère, que la négligence traditionnelle des domestiques ruraux, les habitudes séculaires de toute une contrée, l'éloignement ou l'absence même des débouchés. Les vaches sans cornes, achetées, supposons-nous, à Rambouillet, où il s'en trouvait un certain nombre venues directement de Suffolk, et primitivement de l'Asie Mineure (1), disparurent les premières, sans laisser aucune trace de leur passage dans les écrits ni dans les étables de M. Girou. Même silence au sujet des vaches suisses, qui, après avoir excité un véritable engouement dans l'Aveyron, par la beauté de leurs formes, furent successivement délaissées, comme trop sujettes à diverses maladies qu'aggravait une rapide dégénérescence de leurs qualités. Les chevaux arabes, après avoir plus longtemps résisté, furent éliminés à leur

(1) Je dois cette indication de leur origine probable à M. Dutrône, conseiller honoraire à la Cour d'Amiens qui, dans un sentiment philanthropique, s'est fait depuis quelques années, avec un succès reconnu dans maints concours, l'infatigable restaurateur ou importateur en France d'une race bovine sans cornes. Cette race passe généralement pour originaire de l'Asie-Mineure, sans qu'on ait pu suivre la trace de son émigration en Angleterre, où elle a formé, entre autres variétés, celle d'Angus, dont on a admiré les superbes groupes à l'Exposition agricole de Paris, en 1856. En France, il y en eut un dépôt à Rambouillet au commencement du siècle.

tour comme étant trop difficiles à placer. Enfin les mérinos, qui tinrent à Buzareingues mieux que le reste, furent vaincus à leur tour, suivant les uns par le climat et les herbages, suivant d'autres par la forte baisse qui déprécia les laines fines, de 1828 à 1830. Ainsi, après trente ans d'une lutte persévérante, l'esprit d'innovation, de croisement et de perfectionnement par les races étrangères dut fléchir devant la résistance des habitudes locales et la toute puissance du milieu ambiant, dont les deux éléments, le sol et l'atmosphère, impriment aux animaux, comme aux végétaux, soit par une action directe, soit par la qualité des herbages, les formes qui constituent les races locales. Bakewell n'avait pas été fidèlement imité, car il avait procédé par l'appareillement des meilleurs types (*selection in and in*), et non par le croisement, ni l'importation.

L'esprit investigateur de M. Girou, quoique appliqué principalement à l'étude des animaux, ne négligeait aucune branche de l'économie rurale. Jusqu'en 1820, il entreprit, de sa propre initiative, une multitude d'expériences ; à partir de cette époque, il les rattacha aux travaux du Comice agricole de Sévérac, dont il aimait à accroître ainsi l'importance. Cette institution a, depuis trente ans, exercé sur toute la région environnante la plus heureuse influence, dont on ne saurait contester la meilleure part à M. Girou, son zélé secrétaire.

Citons quelques-uns des nombreux essais qu'il fit dans son domaine, de lui-même ou au nom du Comice.

Il essaya cinq variétés de froment (le commun, la touzelle, le trémois, le gros, appelé *brousse* ou *poulard*, le blé de miracle) ; un seigle d'automne, un seigle de mars ; trois variétés d'orge (la commune à deux rangs ou paumelle, l'escourgeon, l'orge nue à deux rangs) ; enfin, trois variétés d'avoine (la commune, l'avoine d'hiver, l'unilatérale). Sa conclusion pratique fut le retour aux céréales les plus usitées et les mieux acclimatées dans le pays.

Il essaya encore, en fait de graines oléagineuses, le colza et l'œillette ; — en fait de racines, les topinambours et diverses variétés de pommes de terre ; — en fait de plantes fourragères, la pimprenelle, le farrouch, la luzerne, le ray-grass d'Italie, le trèfle de Hollande, qui, par ses soins, est définitivement acquis au canton de Sévérac, et par là il doubla ses ressources en fourrages, progrès de premier ordre.

Il introduisit trois ou quatre assolements, qui durent bientôt céder à l'empire de la routine.

Un succès mieux consolidé fut la destruction de la cocrète (*rhinanthus crista galli*), au moyen de fourrages artificiels ou de blés de mars semés pendant plusieurs années de suite.

Il compara la valeur respective de tous les fumiers de ferme et de divers amendements. Au grand ébahissement de ses voisins, il enterra en vert de belles récoltes de lupin, pour en montrer la puissance fécondante ; il amenda des terres argileuses avec des sables calcaires ; il fit beaucoup de drainage, comme on en faisait à ce temps-là, sans le savoir, au moyen de conduites souterraines encadrées de pierres.

Les instruments perfectionnés de culture n'attiraient pas moins son attention, quoiqu'il en obtînt peu d'avantages. Il introduisit le rouleau à dépiquer, et dut le juger sévèrement. Il fit venir la première charrue de

Roville qu'ait reçue M. Rodat ; mais la forte inclinaison de ses terres et la multitude des pierres de son domaine le forcèrent d'y renoncer, bien qu'il eût, dès 1812, signalé l'imperfection de l'araire du pays.

Jusqu'à ses derniers jours, il multiplia les plantations qu'il avait aimées toute sa vie. Plus qu'octogénaire, il plantait et semait encore des arbres de haute futaie, heureux de penser que

Ses arrière-neveux lui devraient ces ombrages.

Mais après bien des tentatives pour introduire des espèces nouvelles, il aboutit à cette conclusion plus prudente qu'encourageante : « On ne doit faire aucun sacrifice pour acclimater des plantes qui demandent un climat différent. »

C'est à son initiative que le département de la Lozère doit une révolution agricole de premier ordre, qui est en voie de s'accomplir dans les hautes et froides montagnes qui avoisinent Marvejols.

En 1834, il acheta le domaine du Faltre, entre Aubrac et Marvejols, vaste terre livrée alors presque en entier à la vaine pâture des troupeaux que les propriétaires du Languedoc y envoyaient passer l'été. Décidé à changer un aussi vicieux système d'exploitation, il fit construire des granges, couper et rentrer le peu de foin que fournissaient quelques mauvais prés, et laissa des vaches à demeure dans les étables pendant l'hiver. Ainsi se trouva retenue, par le soin des bestiaux, une partie de la population qui émigrait tous les ans ; la consommation du foin sur place augmenta les engrais et par suite la production du fourrage, qui permit à son tour d'accroître le nombre des animaux de rente, etc. Son fils Charles avait été son intelligent et actif auxiliaire dans l'application de ce plan, dont il sentait vivement l'excellence : aussi, devenu à son tour, quelques années après l'achat primitif, propriétaire du Faltre, a-t-il développé sur la plus grande échelle cette spéculation, qui, adoptée de proche en proche par ses voisins, est devenue aussi fructueuse pour le pays entier que pour lui-même.

C'est là peut-être l'innovation pratique la plus importante et la plus heureuse qu'ait inspirée l'esprit novateur de M. Girou.

Toutes ces expériences, d'un succès fort inégal, profitaient à la science. Les faits étaient observés, enregistrés, traduits suivant les cas, en dessins, en calculs, en notes, en mémoires et en livres, qui, après avoir été des titres d'honneur pour leur auteur pendant sa vie, composent aujourd'hui son héritage scientifique.

En voici l'énumération méthodique :

A. Animaux

1811. *Essai sur les mérinos.* — Il aborde les principales questions relatives à l'élève des mérinos ; démontre les inconvénients et les avantages d'élever leur taille par la nourriture ; discute s'il convient ou non de tondre les agneaux ; donne le plan de la bergerie monumentale dont il avait jeté les fondements en 1804 ; décrit un micromètre de son invention, exécuté par Lerebours, pour mesurer la finesse des laines ; expose un système de numérotage des bêtes à laine, ainsi qu'un procédé de lavage des bêtes à laine. — Ecrit recommandé par Tessier dans son *Instruction sur les bêtes à laine.*

1811. *Essai sur les chevaux.* — Il examine l'action du climat, de la nourriture, des soins, etc. ; les lois de la transmission des qualités ; émet, en faveur de la consanguinité, des opinions qu'il modifiera plus tard. — Ebauche d'un mémoire plus complet qui parut en 1814. — Cet écrit est complété par une *Notice sur le département de l'Aveyron*, où se trouvent rappelés l'origine et les débuts du dépôt d'étalons de Rodez. L'*Essai sur les chevaux* n'est que le prélude des *Etudes de physiologie appliquées aux chevaux*, qui parurent en 1814 (Voir ci-après, PHYSIOLOGIE ANIMALE).

1821 et 1822. *Essai sur le tournis*. — Cette maladie est due à des hydatides dont le développement comprime le cerveau. Provenant de quelque affaiblissement de l'organisme, comme toutes les maladies que provoquent les vers parasites, celle-ci est héréditaire et incurable. On ne peut que viser à en prévenir le germe dans la mère par beaucoup d'exercice, par une nourriture saine et suffisante, un fréquent usage du sel et des amers.

1831. *Mémoire sur l'amélioration des bœufs, des moutons et des chevaux*. — Travail divisé en deux parties : 1° la taille ; 2° la forme considérée sous le rapport de l'utilité et de l'économie.

1850. *Observations sur les vaches laitières*. — La direction des poils formant les écussons est due, non à l'activité des artères, comme le pense M. Magne, mais à la pesanteur du lait et à la traction répétée des mamelles, qui déterminent à la longue non seulement la forme et le volume, mais jusqu'aux apparences extérieures de la région où se sécrète le lait.

B. VÉGÉTAUX

1821. *Observations sur la carie des blés*. — Une plante parasite est le principe de la carie. La maladie est héréditaire et favorisée par toutes les circonstances nuisibles à la végétation du blé, principalement par l'imparfaite maturité de la semence.

1822. *Expériences sur les avantages et les inconvénients de semer en un lieu les graines provenant d'un autre lieu.* — Le blé se développe sous l'influence d'habitudes acquises : ainsi le blé cueilli dans un terrain très sec réussit difficilement en un sol très humide, et réciproquement ; celui qui provient d'un lieu où la maturation est tardive mûrit tard, sous un climat où elle est d'ordinaire hâtive.

1824. *Moyen de détruire la cocrète* (rhinanthus crista galli). — Substituer dans l'ordre de l'assolement triennal, favorable à la propagation de cette plante, des cultures de printemps à la jachère, et s'il le faut aux cultures d'automne.

1830 et 1831. *Expériences sur l'utilité de semer du blé gros et bien développé de préférence à du blé resté menu ou incomplètement développé.* — La récolte qui provient du premier est, à tous égards, plus productive que celle qu'on obtient du second.

1831. *Expériences sur le charbon du blé.* — Complément des expériences de 1821. Lorsque le blé est infecté de carie, le chaulage n'est pas infaillible : mieux vaut changer de semence.

1846, 1849, 1850. *Observations sur la dégradation des pommes de terre.* — Point de maladie spéciale. Intempéries et défaut de maturité, seule cause de la dégénérescence.

C. Pratiques agricoles

1821. *Mémoire sur l'arrosement.* — Recueillir dans des réservoirs les eaux surabondantes des saisons pluvieuses et des orages, pour les distribuer sur les points où il ne serait pas trop coûteux de les conduire.

1826. *Mémoire sur le dépiquage des grains.* — Nombreux détails statistiques.

1827. *Polémique avec M. Rodat sur l'emploi de la charrue de Roville.* — Sans nier la supériorité théorique de la charrue de Roville sur l'araire du Rouergue, M. Girou estime que la vingtième partie au plus du département se prête à l'emploi de cet instrument perfectionné, à cause des fortes pentes et de la faible profondeur du sol, ainsi que de la multitude des pierres. Dans le *Tableau analytique de quelques observations agricoles*, il signale la bêche mécanique comme l'instrument par excellence, qu'il voudrait avoir eu la gloire d'inventer.

1828. *Mémoire sur la préparation des terres fortes avant les semailles d'hiver et sur l'emblavement.* — On doit éviter de trop pulvériser les terres par les labours et de semer trop clair. Le blé est d'autant plus beau que ses racines pénètrent plus en terre. Les mottes non brisées, même les petites pierres, chaussent utilement le grain.

1831. *Mémoire sur le labourage.* — Cinq paragraphes sous les titres suivants : 1° but du labourage ; 2° nombre et époque des façons ; 3° forme et direction des sillons ; 4° instruments de labourage ; 5° puissances motrices appliquées à ces instruments.

D. Statistique et économie rurale

1820. *Règlement du Comice agricole de Sévérac.*

1821. *Projet de statistique rurale.*

1822. *De l'utilité des théories rurales.* — Toutes les sciences s'enchaînent. — Les agriculteurs peuvent retirer le plus grand profit des sciences physiques, mathématiques et naturelles.

1822. *Essai sur la division indéfinie des propriétés.* — Cet écrit appartient plus spécialement à l'économie politique. — Voir plus loin, ECONOMIE SOCIALE.

1824. *Récit de diverses expériences agricoles.* — Tableau des essais faits au nom du Comice de Sévérac, depuis sa fondation. Programme des travaux nouveaux à entreprendre.

1827. *Du revenu actuel d'une ferme dans le département de l'Aveyron.* — Bénéfices nuls. Misère profonde. Quand les résultats paraissent moins tristes, ils sont dus à la dégradation du domaine.

1827. *Questionnaire pour les maîtres-valets de ferme.* — Cet opuscule a fourni le sujet d'un concours fondé par le Comice agricole de Sévérac.

1830. *Mémoire sur Roquefort, ses caves et ses fromages, et l'agriculture de ses environs.* — Observations et expériences qui ont servi à déterminer les causes de la fraîcheur extraordinaire de ces caves, phénomène qui avait plusieurs fois occupé les savants, et qui est l'une des principales raisons, inaperçues jusqu'alors, de la supériorité de ce fromage. — Dans la vaporisation de l'eau sur les parois des cavités, qu'une dislocation interne de la montagne a multipliées, se trouve le principe de la fraîcheur. — Le soin que l'on apporte à soutirer dans la mulsion jusqu'à la dernière goutte de lait rend le fromage éminemment butireux et en accroît la qualité.

1833. *Mémoires statistiques sur les montagnes d'Aubrac et sur la manipulation du lait dans ces montagnes.* — Le premier mémoire est consacré aux montagnes d'Aubrac, à leurs habitants et à leurs productions ; le second, à tous les détails statistiques et économiques de la manipulation du lait dans ces montagnes, qui ont donné leur nom à la race bovine d'Aubrac, si appréciée depuis quelques années.

1833. *Mémoires statistiques sur le vignoble de Marcillac.* — Trois mémoires. Le premier est consacré au vignoble de Marcillac, considéré dans ses rapports avec la population et la richesse nationale ; le second à la culture de la vigne, dans le canton de Marcillac ; le troisième à la vinification dans le même canton.

1846. *Observations sur les récompenses qu'il est utile d'accorder à quelques branches de l'économie rurale.* — Revue de ses principales idées agricoles.

1846. *Mémoire sur l'utilité de l'indivision dans quelques fermes.* — Voir plus loin, ÉCONOMIE SOCIALE.

1849. *Notice des travaux agricoles accomplis à Buzareingues pendant une période de cinquante ans.* — Mémoire fourni pour le concours à la prime départementale.

1852. *Tableau analytique de quelques observations agricoles.* — Résumé d'observations et d'études agronomiques. Grand sens pratique, malgré un vif amour des théories. L'auteur se montre aussi préoccupé que jamais des périls du morcellement.

E. Bibliographie agricole

1839. *Examen critique du* « Propagateur aveyronnais » *de M. Amans Rodat.* — Egale sincérité dans l'éloge et la critique.

Physique, Météorologie.

Bien que les travaux de cet ordre n'occupent qu'une place accessoire dans l'œuvre de M. Girou de Buzareingues, nous en avons formé, pour plus de clarté, une catégorie particulière, qui doit elle-même être dédoublée.

A. Physique

1825. *Mémoire sur la nature du son.* — Il existe un fluide spécial du son, qui est uni au calorique, comme le calorique est uni aux autres corps, et qui en est dégagé par la pression ou par d'autres causes, comme le calorique et la lumière sont dégagés des corps qui en sont pénétrés. Ce fluide se dégage en même temps des corps vibrants et du milieu soit liquide, soit gazeux, qui les environne. — Avant M. Girou et à son insu, Lamarck, Lecat et autres savants avaient nié que l'air fût le seul conducteur du son. — Le débat n'est pas vidé.

B. Météorologie

1821. *Mémoire en réponse à des questions relatives aux influences du déboisement sur le système météorologique du département de l'Aveyron.* — Réponse à des questions posées par le ministre de l'intérieur, qui transmit le mémoire de M. Girou à l'Académie des sciences. — Le déboisement général aurait pour résultat d'ajouter à la sécheresse des pays bas et à l'humidité des pays élevés; comme le déboisement particulier à celui de diminuer partout l'humidité du sol que les arbres ont occupé, et de faire disparaître les fontaines qui les entretenaient. — Les défrichements augmentent les débordements, en ajoutant au volume des eaux celui des masses terreuses en suspension. — Le département de l'Aveyron a plus profité que souffert du défrichement général. vu que les vapeurs aqueuses moins retenues dans les plaines se sont élevées jusqu'aux montagnes qu'il occupe.

1846. *Mémoire sur les divers états atmosphériques de l'eau et sur leurs principales influences sur le baromètre.*

1849. *Supplément à des notes météorologiques sur la pluie, la neige, le brouillard et la grêle* — Explication de ces divers phénomènes météorologiques et des variations barométriques, dont le sens est souvent tout autre que le supposent les observateurs peu instruits.

1823 ? 1837. *Manière de déterminer par approximation à la fin de septembre le nombre des jours de pluie du mois d'octobre suivant.* — Il faut additionner le nombre des jours de pluie que l'on a eus en mars, avril, juin, juillet et septembre de la même année, et diviser par cinq ; si le quotient dépasse le nombre des jours pluvieux d'un mois moyen déduit d'une longue série d'observations, le nombre des pluies d'octobre sera inférieur à la moyenne ; il sera égal si le quotient est égal, et supérieur si le quotient est inférieur ; de manière que les jours pluvieux d'octobre, ajoutés à ceux des cinq mois précédents, doivent donner un total dont le sixième sera plus souvent supérieur qu'inférieur à la moyenne de toute l'année. — M. de Gasparin ayant nié cette loi dans son *Cours d'agriculture*, M. Girou la maintint dans un nouvel écrit intitulé :

1847. *Note météorologique.*

M. Girou a fait, en outre, des observations météorologiques continuées pendant près de quarante années avec d'excellents instruments : malheureusement elles n'ont reçu aucune publicité.

Anatomie et Physiologie végétale.

Bien que, dans l'ordre historique des travaux de M. Girou, les recherches de physiologie végétale ne soient venues qu'après celles de physiologie animale, dont elles ont été la conséquence et le complément, nous les mettons en avant dans cet exposé, par considération logique. Elles ont porté sur quatre principaux objets : la génération des plantes, l'accroissement des végétaux exogènes, la formation de l'écorce, la circulation des fluides.

1830. *Mémoire sur la génération des plantes.*

1831. *Suite des expériences sur la génération des plantes, suivi d'un mémoire sur les rapports des sexes dans le règne végétal.* — Dans les végétaux, comme dans les animaux, la vie extérieure prédomine dans le mâle, la vie intérieure dans la femelle.

1833. *Expériences sur la génération des plantes.* — La graine mâle et la graine femelle ne se forment pas, en égale proportion, sur tous les points d'une plante dioïque : celles provenant du sommet, soit de l'épi, soit du trophospherme, ont produit constamment plus de femelles que celles qui provenaient de la base. — L'intervention nécessaire de l'étamine dans la reproduction des plantes hermaphrodites et monoïques n'autorise pas à conclure que cette intervention soit toujours indispensable pour la reproduction des plantes dioïques. — « Les expériences, dit le rapport, ont été faites sur le chanvre, l'épinard, le lychnis dioïque, l'oseille sauvage ; 20.000 individus, dont 14.000 pieds de chanvre, y ont été employés. Le volumineux journal de l'auteur que nous avons sous les yeux en fait foi, et il devient la preuve d'une patience peu commune. »

1831. *Mémoire sur l'évolution des plantes et l'accroissement en grosseur des exogènes.*

1833. *Mémoire sur l'évolution des plantes et l'accroissement en grosseur des exogènes.* — « Sans prétendre prononcer aujourd'hui sur l'ensemble des idées de M. Girou de Buzareingues, dit le rapport, nous pouvons dire déjà que certaines assertions émises dans son mémoire nous paraissent conformes à la vérité. Nous citerons particulièrement son opinion sur les couches ligneuses, qu'il croit formées par une succession de lames se superposant du centre à la circonférence, opinion que dans son premier mémoire il avait tâché de rendre sensible, en disant que les différentes lames s'emboîtent les unes dans les autres, comme les tubes qui composent le corps d'une lunette d'approche. »

1833. *Mémoire sur l'ordre de distribution des fibres dans le corps central de la tige.* — Démonstration du mode et de l'ordre de formation des lamelles fibreuses qui composent les couches ligneuses des arbres dicotylédones. La lamelle formée la première est repoussée vers la circonférence par la seconde lamelle, celle-ci par la troisième, et ainsi de suite : ainsi les lamelles les plus extérieures sont les plus vieilles, à l'inverse des couches annuelles. — Le rapporteur,

M. Mirbel, qui avait professé l'opinion contraire, reconnut son erreur et proclama la vérité de la loi découverte par M. Girou.

1834. *Mémoire sur l'origine et la formation de l'écorce.* — L'écorce est la conséquence nécessaire de l'existence générale des bourgeons foliifères ou mixtes à l'aisselle des feuilles, ou encore de l'ordre de distribution des fibres, dans lequel celles d'origine supérieure se circonscrivent à celles d'origine inférieure et forment autour de celles-ci des zones qui interceptent leur communication avec la cuticule.

1836. *Mémoire sur la distribution et le mouvement des fluides dans les plantes.* — La sève s'élève de la racine vers la feuille, d'où elle descend vers la racine. Elle va aussi de l'axe à la périphérie et réciproquement. Un fluide gazeux l'accompagne et se meut avec elle. — Explication du mécanisme et des causes de ce mouvement.

1837. *Mémoire sur l'accroissement en grosseur des exogènes.* — La couche nouvelle du corps central est le produit de la végétation centrifuge des rayons médullaires.

1846. *Analogies entre les plantes et les animaux.* — Les analogies sont tellement nombreuses, que la sensibilité elle-même doit être reconnue aux végétaux. Elle est constatée par la puissance de l'habitude dont les plantes subissent les effets. Il y a donc en elles un principe immatériel d'activité, un *esprit*, comme dans les animaux.

1849. *Précis de physiologie agricole.* — Exposé succinct de la science dont Ampère définit ainsi l'objet : « Les recherches des causes, la comparaison de ce qui se passe en grand dans la culture des végétaux avec ce que l'on observe dans les expériences en petit, appartiennent à une science qui complète toutes nos connaissances relatives à la culture des végétaux et qui prendra le nom de *Physiologie agricole.* » L'auteur résume dans ce livre toutes ses recherches antérieures et les encadre dans une étude générale de la science, telle que l'ont constituée les savants et particulièrement de Candolle. La première partie est consacrée à l'*Anatomie végétale*, et la seconde à la *Physiologie végétale*. Il incline vers la doctrine de la transformation successive des espèces, sous la puissance d'habitudes qui furent instables au début, et sont aujourd'hui mieux consolidées par le temps. La fécondité décroît en raison directe du perfectionnement des espèces dans le règne végétal comme dans le règne animal.

Anatomie et physiologie animale.

Ce sujet constitue comme le point culminant de la carrière scientifique de M. Girou de Buzareingues, le sommet où tout aboutit et d'où tout rayonne. Ses recherches sur la production et l'éducation des animaux ont eu pour résultat presque immédiat la constitution d'une doctrine physiologique. Des animaux, il est descendu aux végétaux et y a découvert plusieurs applications de la même doctrine. Il l'a étendue à l'homme individu et à l'homme social ; même ses théories métaphysiques et ontologiques se relient, par d'étroits et nombreux chaînons, à ses théories physiologiques. C'est donc dans ses études de physiologie animale que doit être cherchée la clef de sa conception générale du système de la nature.

1811. *Essai sur les mérinos*. (Voir AGRICULTURE.)

1814. *Etudes de physiologie appliquées aux chevaux et principalement aux chevaux arabes.* — L'auteur emprunte à la géométrie les moyens de déterminer rigoureusement les formes que doit avoir le cheval pour parcourir le plus d'espace dans un temps donné. Il déclare qu'on ne doit s'attendre à conserver la race arabe dans la perfection, qu'en la tenant dans les habitudes sous l'empire desquelles cette perfection lui a été acquise. — Cet écrit avait été précédé d'un autre plus court sur le même sujet. (Voir AGRICULTURE.)

1821. *Mémoire sur les poils et le duvet.* — Analogie constatée de toutes les excroissances superficielles : poils, duvet, crins, laines, aiguilles, piquants, plumes, écailles, ongles, cornes, crêtes cartilagineuses ou charnues, bois osseux. — Principales lois : 1° les poils sont fins et tassés dans les climats tempérés plus que sous la zone torride et près des pôles ; 2° ils sont fins et courts chez les animaux qui se meuvent beaucoup, ou qui mangent peu, ou qui usent de beaucoup de sel, ou qui, dans leur espèce, sont de petite taille ; 3° ils sont, au contraire, grossiers et longs chez les animaux qui se meuvent peu, ou qui mangent beaucoup, ou qui, dans leur espèce, sont de forte taille ; 4° ils sont racornis dans les climats brûlants ; longs, ondulés, élastiques, moelleux, sous les climats tempérés par la vaporisation de l'eau ; longs, plats et tombants, dans les régions froides et humides ; 5° le duvet, qui est d'une nature très distincte du poil, est fin et nombreux près des pôles ou de la région des neiges perpétuelles, tandis qu'il est nul ou rare et grossier dans les vallées profondes des pays chauds, ou dans les déserts de la zone torride ; 6º il est fin et court chez les animaux qui mangent peu ou sont petits dans leur espèce ; 7º dans les climats où la chaleur du corps, développée par le mouvement, ne peut changer que bien légèrement la température froide de la couche d'air contiguë à l'animal, le duvet est d'autant plus fin que l'animal se meut davantage.

1821. *Essai sur le tournis* (Voir plus haut, AGRICULTURE).

1828. *De la génération.* — Des fragments de ce livre avaient été publiés dès 1825 ; l'auteur les compléta et coordonna en 1828, dans le livre ci-dessus. Le premier chapitre est consacré à l'explication de l'excitation réciproque (des sens sur l'âme, de l'âme sur les sens) au moyen d'*esprits*, fluides plus subtils que la matière, moins subtils que l'âme, qui servent d'intermédiaires entre l'une et l'autre. Il entre ensuite dans l'explication du mystérieux phénomène de la génération. Il réfute la théorie de l'emboîtement et de la préexistence des germes, et soutient avec Buffon que l'embryon résulte de la combinaison des germes produits par le mâle et la femelle. Il établit par de nombreux faits la puissance des transmissions héréditaires ainsi que l'action particulière du mâle et de la femelle. Dans la séance de l'Académie du 24 novembre 1828, le baron Fourier, rapporteur, s'exprima ainsi sur cet ouvrage, au nom de M. Serres et au sien : « On peut assurer que l'auteur suit une excellente méthode d'investigation, qu'il observe avec sagacité et persévérance, qu'il s'attache à réunir un très grand nombre de faits authentiques et ne fonde ses conclusions que sur la comparaison attentive de ces faits. Les questions importantes que M.

Girou a traitées ne peuvent être résolues que par la méthode expérimentale qu'il s'est prescrite. Les résultats de son travail sont présentés d'une manière ingénieuse, et avec un vrai talent. Son ouvrage mérite, sous tous les rapports, l'attention et les suffrages des personnes qui s'intéressent aux progrès des sciences naturelles et des connaissances économiques. »

Dans cet ouvrage, les animaux et l'homme sont compris dans le même cadre d'observations et de conclusions. Il consacra encore aux animaux deux mémoires.

1828. *Suite des observations sur la reproduction des animaux domestiques.*

1830. *Mémoire sur le rapport de volume des sexes dans le règne animal.* — La femelle étant soumise à des privations de nourriture, et sa nutrition à des déviations plus ou moins complètement étrangères au mâle, il en résulte des variations proportionnelles à ces causes, qui tendent à accroître moins le volume de la femelle que celui du mâle. — Ces variations se consolident sous la puissance de l'hérédité, et passent dans l'espèce.

On peut rapporter aussi à la physiologie animale les observations sur les vaches laitières. (Voir, plus haut, AGRICULTURE.)

M. Girou rechercha, avec une ardeur extrême, la loi qui préside au mouvement de la population, surtout sous le rapport des sexes, et consigna le fruit de ses investigations dans six mémoires successifs.

1828. *Mémoire sur la distribution et les rapports des deux sexes en France*

1831. *Distribution mensuelle des mariages, des naissances et des sexes.* — Ce mémoire était accompagné d'un tableau justificatif, resté inédit, contenant le relevé de plus de dix millions d'actes de l'état civil (de 1817 à 1827), fait par lui-même aux archives nationales.

1836. *Mémoire sur les rapports des sexes dans les naissances de l'espèce humaine.*

1837. *IVe Mémoire sur les rapports des sexes dans les naissances de l'espèce humaine.*

1838. *V^{e} et dernier Mémoire sur les rapports numériques des sexes dans les naissances.*

1846. *Mémoire sur les changements qu'a éprouvés en France dans quelques départements le rapport des sexes dans les naissances provenant de mariages, depuis 1834 jusqu'en 1843.*

De l'infini multitude de faits que M. Girou observa, tant dans les animaux que dans l'homme, il déduisit les lois de la transmission héréditaire des qualités naturelles entre les parents et les enfants, particulièrement en ce qui concerne les sexes. On peut formuler celles-ci ainsi qu'il suit :

Le sexe masculin résulte de la prédominance de la force active et motrice : le sexe féminin résulte de la prédominance du système nerveux et surtout de la capacité nutritive et de la formation cellulaire. — Donc :

1° Tout ce qui développe la force active et motrice des parents, et surtout du père, favorise la procréation du sexe masculin. Telles sont entre autres causes : la vie rurale et les travaux agricoles, surtout ceux de la petite culture ; les industries rudes, soit manufacturières, soit commerçantes ; la vie militaire ou plutôt guerroyante ; la plénitude des forces de la jeunesse et de la virilité ; la nourriture substantielle et abondante ; la pureté des mœurs ; l'ardeur de l'âme, spécialement par exaltation religieuse, etc...

2° Tout ce qui développe la sensibilité nerveuse ainsi que la capacité nutritive et cellulaire aux dépens des muscles, surtout dans la mère, favorise la procréation du sexe féminin. Telles sont entre autres causes : la vie citadine, oisive et indolente ; l'agriculture pastorale ; les industries sédentaires et délicates, soit manufacturières, soit commerciales ; la civilisation qui adoucit les mœurs et amoindrit les forces individuelles ; la dissolution de mœurs ; les industries qui exigent plus de patience que de force, la pêche, par exemple ; l'état permanent de paix, etc...

Cette doctrine est généralement adoptée aujourd'hui en physiologie, dans toutes les chaires d'Europe : elle se vérifie constamment, non sur des faits isolés, mais sur les masses, où la loi des grands nombres reprend son empire : les agriculteurs en constatent fréquemment la vérité, en ce qui concerne les animaux, pour qui la vigueur de l'âge et l'abondance de nourriture sont, à titre de seules forces motrices, les causes directes de la prédominance du sexe masculin. Elle constitue la découverte capitale de M. Girou et son titre le plus certain à une renommée durable.

En dehors de cette voie principale, M. Girou s'engagea aussi dans des études spéciales sur le système nerveux. C'est ainsi qu'il publia :

1828. *Mémoire sur les attributions des principaux organes cérébraux.* — L'auteur détermine les fonctions respectives du cerveau et du cervelet ; le cerveau est l'instrument de la volonté, le cervelet celui du désir ou de la crainte. C'est par le cervelet que le cerveau est averti des mouvements qu'il a déterminés ; c'est lui qui est l'organe de la mémoire des sensations.

1829. *Observations sur l'origine et les circonvolutions du cerveau et du cervelet.* — Ces circonvolutions ont chacune une origine propre : 1° celles du cerveau proviennent du développement du *triangle médullaire* (voûte à trois piliers) ; 2° celles du cervelet proviennent du développement de la *valvule de Vieussens*. Donc l'on ne peut voir uniquement dans l'un une continuation des couches optiques ou des corps striés, ni dans l'autre une continuation du corps frangé qui reçoit les jambes du cervelet.

1831. *Essai sur l'enchaînement et les rapports des diverses modifications de la sensibilité.*

1848. *Essai sur le mécanisme des idées, des sensations et des sentiments*, en collaboration avec son fils Louis.

Dans ces deux écrits sont expliqués les divers phénomènes de la vie sensible et intellectuelle, considérés surtout dans le jeu du système nerveux. L'autorité de Maine de Biran et de Flourens est volontiers invoquée pour justifier l'alliance de la physiologie à la psychologie dans l'étude de l'homme moral.

Psychologie, morale, éducation.

Le champ psychologique et moral s'était en effet déroulé naturellement devant l'esprit de M. Girou, moins comme le domaine d'une science nouvelle que comme une application spéciale de sa science de prédilection, la physiologie, et il y était entré de bonne heure, d'abord pour l'éducation de ses enfants, plus tard, en 1821, par un opuscule intitulé :

1821. *Essai sur le bonheur*. — « Alternons les plaisirs des sens, les émotions du sentiment, les travaux de l'esprit et les exercices du corps, et que ces diverses sources de nos jouissances entretiennent tour à tour le fleuve du bonheur. » — Tel est le programme dont l'auteur s'applique à diriger la réalisation.

Ce n'était qu'un prélude. Un livre étendu, formulant tout un système, parut en 1828, peu après le livre de la *Génération* ; il était intitulé :

1828. *Philosophie physiologique, politique et morale*. — Traité de philosophie, dans le sens scolastique du mot. L'auteur passe successivement en revue les facultés et les modifications vitales, c'est-à-dire les mouvements et les sensations, les idées et les connaissances, les facultés intellectuelles, les associations instinctives, le sommeil, les passions, la volonté. Le dernier chapitre reproduit le précédent écrit sur le bonheur. — La théorie, esquissée dans le livre de la *Génération*, sur l'âme, les esprits et leurs auxiliaires, les *incitants* et les *excitants*, est reproduite avec de nouveaux développements. Il existe des principes immatériels de vie, Dieu, l'âme. La science de l'homme est à refaire, non dans tous ses détails, mais dans son ensemble.

1830. *De la trahison et de la loyauté*. — Chapitre de morale politique en l'honneur de tous les grands et nobles sentiments. Le général Lafayette y est glorifié comme le type du libéral parfait et du bon citoyen.

1837. *Morale physiologique*. — Nouveau traité de philosophie sur un plan différent de celui de 1828. L'auteur examine successivement la conscience, le libre arbitre, l'attention, la sensibilité en général et chacune des puissances sensitives, enfin l'imagination et la raison. Profession de foi religieuse et spiritualiste. « Le panthéisme ne dit rien à mon cœur, m'est inutile, ou ne saurait me suffire : il me faut un Dieu que je puisse aimer. »

On a vu que cette déclaration, bien que corroborée par beaucoup d'autres pareilles, ne préserva pas M. Girou de sévères attaques, à raison de la très large part qu'il faisait à l'organisme corporel dans l'explication des phénomènes psychologiques. Il n'avait garde cependant de définir l'âme, comme l'a fait Broussais, un *cerveau pensant* ; il l'admettait au contraire immatérielle ; mais il se gardait tout autant de la célèbre définition de M. de Bonald : *l'homme est une intelligence servie par des organes.* Loin de croire l'homme maître aussi absolu de la matière, il le montrait *asservi* plutôt que *servi* par ses organes. Il se tenait donc à égale distance du matérialisme et du spiritualisme ; et, sur les pas de Maine de Biran, il entrait, l'un des premiers entre ses contemporains et ses confrères de la science, dans cette voie de conciliation des deux doctrines, qu'ont depuis adoptée beaucoup de nobles esprits et qui sera probablement la voie définitive du dix-neuvième siècle. Peut-être cependant n'affirma-t-il pas assez, pour sa gloire et son repos, que l'homme est une *force passionnée et intelligente unie à un corps*, ce qui est notre réelle nature ; et, faute d'une foi résolue dans l'initiative et la liberté du *moi* humain, d'importantes vérités lui échappèrent en psychologie et en morale. Le trait caractéristique de la doctrine psychologique de M. Girou de Buzareingues et qui constitue son originalité propre, est la conception, d'après des vues autres que celles des anciens philosophes, autres même que celles de Bacon, de Descartes et de Mallebranche, d'agents intermédiaires entre l'âme et le corps, qu'il désigne sous le nom un peu discrédité d'*esprits*, facteurs de chaque faculté sensitive et de la faculté motrice, associés à des *incitants* et des *excitants*, principes de l'*excitation réciproque*.

Lorsque se développera, dans la philosophie moderne, avec plus de rigueur que par le passé, cet élément mystérieux, qui fut toujours plus soupçonné qu'étudié, l'on trouvera dans les écrits de M. Girou de Buzareingues de précieuses lumières. Tout le mouvement d'idées qui se fait de nos jours autour de ces phénomènes surprenants du somnambulisme, du magnétisme, de l'électro-biologie (1), à propos de tables tournantes, d'esprits parleurs et frappeurs, d'extases et d'hallucinations, tout cela concourt à mettre en scène ces agents impalpables, invisibles, infiniment subtils, sortes d'intermédiaires faisant communiquer l'âme et le corps, dont M. Girou a admis de très bonne heure et établi l'existence, sans se laisser détourner par les physiologistes qui se payent d'un mot : l'innervation. Une fois en possession de cette clef, il pénétra dans le sanctuaire intime de l'organisme humain, et s'efforça d'éclairer le jeu merveilleux qui s'y exécute. Des récits, consciencieusement et sévère-

(1) Voir le livre très curieux du docteur Philips (Durand de Gros), intitulé : *Electro-dynamisme vital*, ou *Relations physiologiques de l'esprit et de la matière*. Paris, Baillière, 1855. Les Aveyronnais ont des raisons particulières de lire cet ouvrage avec intérêt.

ment recueillis, de pressentiments, de réminiscences, de songes, de visions, d'apparitions, etc., fantasmagorie dédaignée des philosophes et des physiologistes, occupent une place importante dans les livres ainsi que dans les manuscrits de M. Girou, et ce n'est certainement pas la part qu'un jour la science plus avancée de l'homme appréciera le moins, car ils ont été constatés de bonne foi et sans parti pris, comme des faits que la science doit enregistrer, en attendant qu'elle les comprenne et les explique.

Dans la dernière période de sa vie, ses doctrines abstraites se formulèrent en applications. L'éducation et la morale pratique, tel est le double objet des trois écrits qu'il nous reste à mentionner.

1841. *Marie ou de l'Education des filles.*

1845. *De l'Education des garçons.*

A chaque page se révèle le père savant et tendre, qui avait acquis une expérience consommée de l'éducation des enfants, en élevant lui-même les siens ; seulement il faut reconnaître que le caractère didactique et abstrait de son enseignement, qui était dans la tournure de son esprit et qu'avait fortifié l'habitude de la méditation, exige des pères et des mères une attention et une portée d'intelligence qui se rencontrent fort rarement. Mais ce n'était pas un obstacle pour M. Amans Rodat, qui rendit compte du livre sur l'*Education des filles*, avec toute l'autorité que lui donnaient ses propres succès en cette matière.

1852. *Précis de morale.*

Trésor de tout ce que la sagesse humaine a conçu de meilleur pour la conduite morale des hommes, enrichi par l'apport personnel de l'auteur.

L'influence de l'habitude et de l'exemple est expliquée, exagérée même, croyons-nous, avec une précision de détails qui laisse peu à désirer ; les préceptes ne sont pas moins nombreux ni moins irréprochables, et néanmoins nous doutons que la morale de M. Girou améliore les hommes plus efficacement que la morale des milliers de philosophes qui leur ont prodigué, comme lui, de bons conseils. Reconnaître l'empire de l'exemple, c'est mettre en cause la société au sein de laquelle nous vivons, car elle est notre grand exemple : immédiatement se trouve posée la question d'une bonne organisation sociale, comme à l'occasion de toute maladie endémique la constitution du milieu ambiant. D'autre part, et lorsque les préceptes moraux sont en opposition flagrante avec les intérêts et les passions, comment assurer le triomphe des premiers ? La raison est un bien frêle contre-poids à ce double entraînement ! Evidemment la science morale se bornant à sermonner l'individu sans toucher à la société ni s'élever à la religion, sans compter avec les intérêts et les passions, est d'avance frappée d'impuissance ! Elle obtient le respect et l'estime, elle n'entraîne pas l'obéissance !

Nous aurions aussi à faire quelques réserves sur la puissance de l'hérédité dans l'espèce humaine. M. Girou l'a établie d'après de nombreuses ressemblances qu'il lui a été facile de constater. Mais les dissemblances entre les pères et les enfants, entre frères, entre parents, sont pour le moins aussi communes et aussi frappantes, — la famille de M. Girou lui-même en offre divers exemples ; — ces faits appellent une explication qui remonte jusqu'au berceau, jusqu'au germe. Sur ce point, silence complet de la doctrine physiologique et nécessité de faire appel à la psychologie pure, en sondant les origines premières de l'âme.

Aux écrits qui précèdent il conviendrait d'ajouter plusieurs polémiques soutenues dans le *Journal de l'Aveyron*, si le cadre déjà trop étendu de cette notice ne nous invitait à nous restreindre.

Politique, économie sociale.

Du fond de sa solitude de Buzareingues, comme d'un observatoire, M. Girou suivait de l'œil et du cœur tous les mouvements de la société, et leur portait un plus vif intérêt que ne font la plupart des savants adonnés comme lui à la contemplation de la nature. Cet homme, qui s'élevait volontiers jusqu'aux hauteurs les plus nuageuses de la métaphysique, ou s'absorbait dans l'observation microscopique, était fort positif quand il s'agissait de la société. Il en ressentait les fluctuations, en bien comme en mal, avec une exquise sensibilité, et se faisait un devoir de communiquer ses impressions à ses concitoyens. Il a publié ainsi un certain nombre d'écrits de politique et d'économie sociale, à titre de manifestations de circonstance plutôt que comme fragments d'une doctrine d'ensemble. Il se ralliait volontiers sous le rapport doctrinal aux économistes anglais, Smith, Malthus, Bentham, et à J.-B. Say parmi les Français, toutefois avec de nombreuses réserves, son indépendance d'esprit ne l'abandonnant jamais.

Ses écrits politiques ont paru dans l'ordre suivant :

1815. *Sur Napoléon et les Bourbons.* — Dithyrambe pour Napoléon, élégie pour les Bourbons, tel est cet écrit où l'enthousiasme s'unit à la franchise et à la modération.

1815. *Sur le recrutement.*

Dans les mémoires dictés à Sainte-Hélène, Napoléon reproduit deux idées très probablement empruntées à cet écrit : 1° la solde des hommes doit varier suivant l'ancienneté des services, de manière à constituer une prime aux réengagements ; 2° pour prévenir la nostalgie, la France militaire devrait recevoir une division en arrondissements ou régions, qui se reproduirait dans les régiments et ne séparerait pas les recrues originaires du même pays.

1831. *Profession de foi politique.*

1831. *Sur l'hérédité de la pairie.*

1836. *Devons-nous désirer un gouvernement à bon marché ?*

1830-1836. *Diverses polémiques.*

Dans tous ces écrits, M. Girou se pose en conservateur, appréciant, regrettant et appelant la stabilité des existences, des familles, même d'une aristocratie territoriale et héréditaire, pour servir de support à une monarchie qui, livrée à elle seule, risquerait de crouler sous les coups d'une démocratie irrespectueuse, dissolvante et menaçante. Il ne voit que des institutions de ce genre pour conjurer les révolutions.

1850. *Projet de constitution française.*

1861. *Réponse à la critique du projet de constitution.*

Dans ces écrits, pénétré des défauts de la constitution républicaine de 1848, et ne lui prévoyant pas une fin prochaine ni soudaine, M. Girou de Buzareingues imagina des combinaisons fort compliquées pour sauver l'avenir de la France. Dans cette circonstance, comme en plusieurs autres, il s'est, croyons-nous, laissé égarer par ses réminiscences historiques, empruntées à des situations locales et temporaires, qui ne peuvent être utilement transportées en d'autres temps, sous d'autres climats, au milieu d'autres mœurs et d'une autre civilisation. M. Girou donnait aux détails de l'histoire une valeur d'enseignement pratique qu'ils n'ont pas, car ils sont toujours dominés par les lois générales du développement des sociétés et de l'humanité. Ajoutons que ces faits sont généralement, à la distance où nous sommes, mal connus, mal rapportés et mal appréciés.

Les mémoires économiques de M. Girou sont peu nombreux ; ce sont les suivants :

1822. *Essai sur la division indéfinie des propriétés.*

1847. *Mémoire sur l'utilité de l'indivision de l'exploitation dans quelques fermes.*

Dans ces écrits, tous les inconvénients du morcellement sont signalés avec beaucoup de justesse, et l'auteur reconnaît en même temps l'impossibilité de rétablir le droit d'aînesse. Obligé de se contenter de palliatifs, il indique, entre autres, une modification des droits d'enregistrement qui favorise le maintien des fermes existantes ou le rapprochement et l'échange des champs limitrophes ; l'enseignement industriel qui ouvre à une partie de la famille d'autres carrières que l'agriculture ; la création de banques rurales prêtant à 5 pour 100 sur consignation de récoltes, espèces de monts-de-piété ruraux. Dans le second mémoire, il attaque plus hardiment le mal, et propose de déclarer indivisibles l'*exploitation*, non la *propriété* des fermes ayant de trente à cent hectares d'étendue. Par cette solution, M.

Girou acceptait l'idée de la propriété territoriale divisée en actions, combinaison qui est parfaitement admissible pour des propriétés dont l'étendue justifie les frais généraux d'une administration et d'une comptabilité régulières, mais bien difficile à concilier avec des fermes d'une étendue moyenne, comme celles dont il demandait l'unité forcée. C'était, croyons-nous, se tourmenter et tourmenter les autres en vain. Plus initié à des doctrines qu'il repoussait, même des mains les plus amies, M. Girou aurait entrevu que l'avenir social penchera plutôt vers l'absorption de l'agriculture par le capital, maître déjà souverain dans l'industrie et le commerce, que vers le morcellement. Les institutions de crédit seront les puissants auxiliaires de cette évolution, car elles sont, par la force même des choses, particulièrement bienveillantes aux grandes propriétés qui offrent, plus que les petites, des garanties solides et durables. Le drainage, la canalisation, l'irrigation, le reboisement, le défrichement des landes, le dessèchement des marais, les inventions mécaniques, les transformations de la dette hypothécaire, etc., seront les occasions et les moyens de cette reconstitution de la grande propriété rurale ; elle marquera de son empreinte la phase nouvelle dans laquelle entre la civilisation à travers les crises politiques et économiques qui signalent le milieu du dix-neuvième siècle, comme toutes les périodes de transition. S'il y a quelques écueils à redouter dans l'avenir, ils proviendront moins de l'excessive division du sol (1), que d'une

(1) Dans un article publié par M. Wolowski dans la *Revue des deux mondes*, en 1857 (livraison du 1er août), ce savant économiste, promoteur

sorte de féodalité territoriale. Quant au temps présent, on ne peut nier que la division de la propriété, comme de l'exploitation, n'ait été le principe d'un énorme accroissement de production et de bien-être.

1827. *Dialogue sur l'utilité et les moyens de maintenir le luxe en France.*

Se séparant, à cet égard, d'une fraction importante des économistes et des moralistes, M. Girou se prononce pour le luxe et tout ce qui peut en accroître l'essor. C'était une inspiration intelligente, à la condition toutefois d'y apporter quelques correctifs sur la part que chacun doit s'en permettre et qui doit être toujours inférieure au revenu : à cette condition seule s'accroît le capital, nouvelle source de production qui élève progressivement le revenu, et assure enfin l'aisance en dehors d'un travail toujours aléatoire.

On doit regretter que M. Girou n'ait pas

---

et premier directeur du Crédit foncier de France, a prouvé qu'il y avait déjà une réaction marquée contre le morcellement.

Il n'est pas au surplus sans intérêt de rappeler ici que si un Aveyronnais signala, avec le plus d'énergie, les dangers du morcellement, ce fut un autre Aveyronnais qui montra et fit adopter le remède le plus efficace. La loi du 18 juin 1824 stipula que « les échanges d'immeubles ruraux ne payeraient qu'un franc de fixe pour tous droits d'enregistrement et de transcription, lorsque l'un des immeubles échangés sera contigu aux propriétés de celui des échangistes qui le recevra. » Cette mesure, si favorable à la réunion des propriétés, fut introduite sur la proposition de M. le président de Séguret, député de l'Aveyron. — Abolie en 1834, à cause de quelques abus auxquels il eût été facile de parer, cette disposition a été toujours vivement regrettée, et elle a reparu dans le projet du Code rural, préparé par le Sénat en 1857. Economistes et agriculteurs sont unanimes pour la réclamer : elle suffit à tout.

soumis à une étude approfondie la question de la population soulevée par Malthus (1) ; nul n'eût été plus compétent que lui pour la traiter. Sauf quelques regrets incidents sur l'accroissement de la population, due à l'invasion de la petite culture, il s'abstient d'intervenir dans le débat. Cependant il pose en diverses rencontres, comme un principe essentiel de la physiologie animale et végétale, que la fécondité des races et des espèces diminue avec leur perfectionnement : principe qui, après avoir été appliqué aux individus par Charles Fourier, a été développé par M. Doubleday, et qui, s'il est justifié par l'expérience, doit écarter les inquiétudes de Malthus sur une pullulation effrénée de l'espèce humaine, en montrant à quelles conditions, avouables par la morale et par l'hygiène, on peut la prévenir.

Nous classerons ici, comme appartenant à l'économie politique et sociale, deux écrits dont nous avons déjà touché quelque chose.

1833. *Du divorce.*

1836. *De l'utilité et de l'opportunité d'abolir la peine de mort.*

M. Girou se montre opposé à la peine de mort et au divorce, et appuie sa conviction sur les plus savantes déductions de la physiologie, de la psychologie et de l'histoire. Il est incontestable que l'humanité tend de plus à un adoucissement des mœurs et des peines, qui finira par emporter la peine de mort, déjà réduite à des cas très rares. Mais l'humanité avance-t-elle aussi, en fait aussi bien qu'en droit, vers l'indissolubilité du mariage ? C'est moins évident.

(1) Dans ses manuscrits figure pourtant un mémoire sur l'accroissement de la population en France, qui devra être consulté.

On doit rattacher au même ordre d'idées une série d'articles contre le saint simonisme, publiés en 1831, dans le *Journal de l'Aveyron*. M. Girou s'attacha surtout à défendre contre la secte nouvelle la propriété et l'héritage, ce qui lui fut aisé. Mais là n'était pas tout le saint-simonisme, comme le montre bien la haute position conquise depuis vingt ans par la plupart de ses anciens adeptes, sans d'autre désaveu que celui de quelques écarts de doctrine, entraînements passagers vers l'erreur qui blessaient au vif la morale et la raison publiques, et qui ne pouvaient égarer longtemps des esprits élevés et des consciences honnêtes. Il y avait en eux des économistes et des financiers plus encore que des moralistes et des fondateurs de religion. Or, que répondre aujourd'hui à qui prétendrait que le saint-simonisme, dégagé de ses scories, était le pressentiment chez les uns, la théorie chez les autres, de la phase de civilisation dans laquelle nous entrons, au point de vue de l'organisation des forces industrielles : transition nécessaire vers des périodes supérieures destinées à être inaugurées à leur tour sous d'autres auspices ? M. Girou et ses contemporains, absorbés dans la réalité présente, ne prévoyaient pas ces évolutions futures et nécessaires de l'humanité, pareilles à celles d'un arbre que l'on aurait observé seulement pendant l'automne et l'hiver. On le croit en déclin, on le croit mort ; vienne le printemps, et la sève réveillée s'épanouira en bourgeons, en fleurs, en feuilles, en fruits : démentis à toutes les sinistres prédictions !

Métaphysique, Ontologie, Religion.

Dans tous ses livres philosophiques et psychologiques. M. Girou avait touché aux questions de métaphysique générale ; il a résumé et concentré ses vues dans un écrit intitulé :

1840. *De la nature des Êtres, essai ontologique.*

Ouvrage substantiel, condensé, riche en idées et en faits, qui témoigne des hautes vues de l'esprit qui l'a conçu. Ces vues ont quelque affinité avec le panthéisme, celui de Spinosa surtout, bien qu'il les eût tracées avant de connaître les écrits du célèbre philosophe juif. Aussi, répond-il d'avance aux critiques :

« Si c'est être panthéiste que de rapporter tout à Dieu, je le suis ; mais je ne suis point matérialiste, puisque, d'après moi, Dieu existe hors de la matière qui n'est qu'une modalité de Dieu. L'âme est latente ou combinée dans la matière, et n'y jouit d'aucun des attributs sous lesquels nous la connaissons. Dans les corps organisés, elle passe de cet état à l'état libre : elle s'abstrait de la matière. Mais, parce qu'elle est abstraite, elle est libre et susceptible de pouvoir opter entre l'auteur et l'ouvrage. Elle a une appétence naturelle pour la matière, de laquelle elle vient immédiatement, et avec laquelle elle conserve de nombreuses relations, mais elle peut s'en affranchir. »

Ces idées ne sont pas d'une orthodoxie irréprochable ; M. Girou le savait et le regrettait. Maintes fois, a-t-il écrit, il a fait effort pour ranger son esprit aux croyances de ses pères, et jamais il n'a pu y réussir, malgré ses bons désirs et ses dispositions sincères à une humble soumission. La croyance n'est pas libre, ajoutait il ; elle résulte fatalement de nos impressions et de nos jugements. Il demandait donc l'indulgence pour lui-même et la pratiquait pour les autres. C'est une consolation qu'accordera à sa mémoire tout lecteur mieux croyant qui n'oubliera pas que *Dieu a livré le monde aux disputes des hommes*, et que le culte désintéressé de la science est déjà un grand mérite. Quant à ceux qui puisent dans la science seule leurs règles d'appréciation, ils penseront que si M. Girou n'a pas atteint le cœur même de la vérité, en des régions où elle est d'un accès si difficile, il l'a du moins poursuivie et serrée de près avec une ardeur digne d'éloges.

Telle est, dans son ensemble et ses principaux traits, l'œuvre de notre célèbre compatriote : c'est une épithète que je puis employer avec confiance, après G. Cuvier. Pour la justifier, je substituerai à mon appréciation personnelle le passage suivant emprunté à une plume plus compétente :

« Novateur hardi, on l'a vu créer à l'observateur des routes nouvelles et aborder avec succès des sujets que l'on croyait inaccessibles. Dans sa modeste simplicité, cette laborieuse existence était presque ignorée de ses voisins, tandis qu'au loin ses ouvrages étaient traduits dans plusieurs langues étrangères. Sa méthode d'observation révolutionnait le monde médical, en créant la méthode numérique, aujourd'hui généralement adoptée. Ses travaux de physiologie et d'anatomie végétale, accompagnés d'observations microscopiques et de planches d'une grande finesse, dessinées par lui-même, passionnaient les botanistes, et ses doctrines de physiologie animale retentissaient plus ou moins dans toutes les chaires de physiologie de l'Europe. Ici, on reconnaissait en lui un agronome habile ; là, un botaniste éminent ; ailleurs, un physiologiste ou un physicien de premier ordre, et son nom devenait de plus en plus vénéré dans le monde savant, tandis que sa réputation d'homme intègre et de bon citoyen se répandait autour de lui. »

La renommée de M. Girou eût été, sans nul doute, plus éclatante sur un théâtre plus éclairé, et s'il n'eût d'ailleurs pratiqué, dans sa carrière scientifique, le morcellement dont il avait pourtant signalé tous les inconvénients dans l'économie rurale. Ses travaux, disséminés dans de nombreux recueils, durant une période de quarante ans, n'ont jamais pu être saisis dans une appréciation d'ensemble. Beaucoup de ses mémoires sont aujourd'hui inconnus et introuvables. Rechercher, rassembler tous ces champs épars du vaste domaine intellectuel de Buzareingues, et en former un beau corps de ferme que les curieux puissent aisément visiter, tel est le devoir pieux que la science attend du dévouement de ses fils, dignes héritiers de son nom. Puissions-nous y avoir quelque peu aidé en écrivant la présente notice !

Alors tout lecteur admirera, comme nous avons admiré nous-même, en remontant pour cette esquisse aux écrits originaux, le vaste horizon qu'embrassait le regard pénétrant de M. Girou, sa rare puissance de travail, sa vocation éminemment scientifique qui soumettait tout au poids, au nombre et à la mesure, sa recherche incessante des causes secrètes, associée à l'observation patiente des phénomènes les plus minutieux, un amour invincible de l'inconnu d'autant plus vif que les problèmes étaient plus ardus, une indépendance de la pensée qui ne reconnaissait d'autres limites que celles de la conscience et de l'utilité publique.

A l'admiration s'ajoutera l'estime et la sympathie, en sentant battre à chaque page, sous le style sobre, sévère, quelquefois trop concis et trop abstrait du savant, le cœur ardent du père, de l'époux, du fils, de l'ami. On rendra hommage au patriotisme et à l'abnégation du citoyen, à la parfaite bonne foi de l'écrivain, à la grandeur de tous ses sentiments. Ce penseur est du nombre trop petit des philosophes qui ont fait servir leur science théorique à leur propre perfectionnement, car il s'appliquait avec scrupule à faire de sa morale la conseillère et le guide de sa vie. Le sentiment du devoir réglait ses actions. Aussi, ne pourrai-je mieux résumer mon jugement, écho de quelques jours heureux de ma jeunesse passés auprès de lui, autant que de la lecture de ses livres, qu'en disant que si la philosophie doit être définie : *la recherche de la sagesse par la science*, — et je n'en connais pas de meilleure définition, — nul ne mérita le titre de philosophe mieux que M. Girou de Buzareingues.

A ce titre, et plus encore à titre d'agronome et de physiologiste, ce savant mérite une place éminente dans le souvenir de ses compatriotes de l'Aveyron et dans les *Biographies aveyronnaises* ; son buste figurerait avec honneur dans le Musée de Rodez, entre ceux de son parent Raynal et de son ami Frayssinous, dont il adoucirait les contrastes ; son portrait enrichirait la galerie de l'hôtel de ville de Saint-Geniez, où sa place est marquée, à côté du portrait du même Raynal, peint par sa propre fille Virginie, au voisinage de Bonaterre, de Rivié, de Tédénat, de Simon Rogéry, les protecteurs de son enfance, ou les amis de sa vie entière.

TABLE DES MATIÈRES

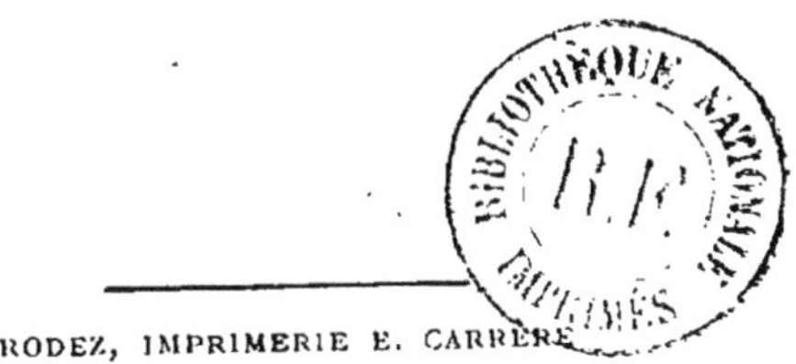

RODEZ, IMPRIMERIE E. CARRÈRE

www.ingramcontent.com/pod-product-compliance
Ingram Content Group UK Ltd.
Pitfield, Milton Keynes, MK11 3LW, UK
UKHW020332180726
13839UKWH00002B/668